帰国子女に見る世界に通用する英語力の作り方

子供たちが、バイリンガルになる
過程をすべて観察した
英語教師が勧める勉強法

川合典子 著

はじめに

　2002年、夫に2度目のアメリカ赴任の辞令が出て、家族で渡米することになった時、私は、将来帰国子女となるであろう子供たちの英語習得の過程を、そばでつぶさに観察しようと決めました。

　私は英語の教師ですから、日本で英語を学ぶ人がとても大変な思いをしていることを知っていました。ですから、子供たちの英語習得の過程を観察して、日本の学習者に役立つことがあったら、帰国した時に伝えたいと思いました。今回、出版という形で多くの方にそれをお伝えできるのは、大変うれしいことです。

　帰国子女と呼ばれる子供たちは、親の赴任に伴ってアメリカに行く時にはまったく英語がしゃべれないのに、数年たって帰ってくると、英語がペラペラになっています。それを見た人々は「子供は英語だけの環境に入れられれば、自動的に英語がわかるようになるのではないか」と思ってしまいます。

　けれども、小学校低学年でもなければ、そういうことはありません。彼らは、わからない英語をわかるようにする

膨大な努力をしていたのです。

　4年後、私の子供たちも帰国子女になりました。私は子供たちがアメリカに着いたその日から、バイリンガルとなって帰国する日まで、ずっと横で彼らの英語習得を観察してきました。

　日本とアメリカ、学ぶところは違っても、子供たちの英語習得過程で、日本の英語学習者に参考になることはたくさんありました。一方で、アメリカでやっていることをそのまま日本に持ち込んでも、日常生活で大量に英語を聞くわけではない日本では、効果がないと思われる指導法もありました。

　日本で英語を学んだ私がそれらを実際に行って、効果があると確かめられた方法をこの本にまとめました。

　私が観察した帰国子女の英語習得の過程から、少しでも皆さんの英語学習のお役に立つことがあれば、これほどうれしいことはないと思っています。

川合典子

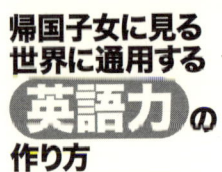
帰国子女に見る
世界に通用する
英語力の
作り方

もくじ

はじめに ……… 2

第1章 帰国子女が英語を身に付ける過程

スタートはわからない英語を
日本語に訳して正確に理解すること。
これがその後の英語力の土台となる。
バイリンガルになっていく基礎を作る。

- ✳ 2人の子供がバイリンガルになる過程 ………10
- ✳ 渡米直後の子供たちの英語力 ………13
- ✳ 日本語で英語を正確に理解することが
  バイリンガルの基礎を作った ………14
- ✳ 学習の空白期間 ………17
- ✳ 授業の英語がわからない ………18
- ✳ 努力しても時間がかかる ………20
- ✳ 1年間授業がわからないまま ……… 21
- ✳ 英和辞典は命綱 ……… 22
- ✳ 空白期間は2年に及んだ ……… 24
- ✳ 英語がわからなかったことを忘れる ……… 27
- ✳ 指導者が忘れると深刻な問題を引き起こす ……… 29
- ✳ 発音について……… 30

第2章 年齢だけが独り歩きした巷の臨界期仮説

**子供でも英語を母国語の半量は
自分の耳で聞かないと
ネイティブ並みの発音にはならない。
ポイントを絞って聞けば、大人でも
ネイティブも美しいと思う正しい発音を習得できる。**

* 日本人の英語が通じない理由 ……… 35
* 早期教育をすれば発音はネイティブ並みか？ ……… 37
* 子音の日本語化 ……… 39
* 小学生ですでに日本語化している発音 ……… 42
* 日本語化した子音の具体例 ……… 44
* 聞ければ直せる ……… 47
* リスニングの点数が上がっても
　　　　自分の発音が正しいとは限らない ……… 49
* 日本語との違いにポイントを絞って聞く ……… 50
* 自分で気付けば、直せる ……… 53
* 教材の選び方 ……… 55
* 具体的な発音矯正のやり方 ……… 56
* 文章の発音練習のやり方 ……… 60
* 機器の使い方について ……… 64

第3章 通じる子音の発音の仕方

通じるM、W、R、L、N、Fの発音の仕方。
英語を話す時は日本語の口の動きとはサヨナラする。
口の周りの筋肉も発音に使う。
一時的に必要な大げさな発音練習。

* 日本語化を防ぐ発音の仕方 ……… 67
* 日本語とはまったく違う口の動かし方で ……… 75
* ネイティブの赤ちゃんも練習している ……… 80
* 大げさな発音をからかわない ……… 83

第4章 言いたいことが英語で頭に浮かんでくる練習

20年探してようやく知った
「言いたいことが英語で頭に浮かんでくる練習」。
帰国子女の英語習得第一段階と第二段階をすれば、
日本にいても言いたいことは英語で浮かんでくる。

* 帰国子女の英語習得2つの段階 ……… 85
* 試行錯誤を繰り返した私自身の道のり ……… 88
* すらすら言える状態を経験する ……… 89
* 大量に読むことで
　　　　　　英語の言語体系ができ始める ……… 92
* しゃべる、聞くでは不十分 ……… 95
* 一貫した思考を筋道を立てて展開する ……… 98

* 必要なのは旅行英語以上の英語 ……… 101

第5章 英文読書能力養成プログラム

母国語感覚で英語を読む「疑似帰国子女体験」
オリジナルセブン。宿題で読まされた
サイドリーダーとは違う英語の世界。
読書は長年のリスニングの壁も越えさせる。

* 大量のインプットは読書で行う ……… 106
* アメリカの図書館をまわって知った
  母国語のような読書 ……… 107
* 良い本を読むと、ことばが体に深く入る ……… 110
* 英文読書能力養成プログラム
  "オリジナルセブン"で疑似帰国子女体験 ……… 112
* リスニングの壁も越えさせるリーディング ……… 123
* 母国語感覚で英語を読む ……… 125

第6章 読書の前にやっておくこと

忘れてしまった英文法の効果的な再学習の仕方。
母国語と外国語では文法の学習の仕方が違う。
読みながら英文の構造をとらえる
センサーの感度を上げる。

* 必要な場合は文法の学び直しを ……… 128
* 具体的な勉強の仕方 ……… 131

第7章 頭の中に英語の言語体系を作り始める

著者が思いを込めて書いた
英文を読んで英語力向上の力をもらう。
帰国子女は英語の洪水を経験する。
日本で、疑似洪水を経験するにはどうするか。

* 作家の書いた文章には力がある ……… 136
* 無理をして速く読む必要はない ……… 139
* 洪水のようなインプット ……… 139
* アウトプットの方法 ……… 141
* 洋書が入手しやすくなった今こそ読書を ……… 142

第8章 英語力の飛躍的な進歩の前で学習をやめない

帰国子女は学校をやめられない。
2年くらいは練習して発音を定着させる。
定着させていない発音は、
会話になった途端に元にもどる。

* 一定の時間続けることの大切さ ……… 147
* 帰国子女は途中で勉強をやめられない ……… 149
* 丁寧に練習すると
たとえ1日の練習の後でも充実感を感じる ……… 152

第9章 自分の子供に英語で苦労させたくない

中学、高校、大学、各年代の強みを活かして教育すれば
日本人の英語は世界に通用する。
小学生から日本語化した発音でしゃべるより
中学生で「聞いた通り発音する能力」を育てる。

* 帰国子女は英語圏にいた年齢で
　　　　　使っていた英語しか使えない ……… 155
* 小学生の英語は
　　　　　自然に大人の英語にはならない ……… 158
* 日本人の発音の問題は中学生が解決できる ……… 160
* 大量のインプットは大学生が行う ……… 162
* 中学、高校、大学、各学年の強みを生かす
　　　　　教育が日本人の英語を変える ……… 164

おわりに ……… 166

第1章

帰国子女が英語を身に付ける過程

スタートはわからない英語を
日本語に訳して
正確に理解すること。
これがその後の英語力の土台となる。
バイリンガルになっていく基礎を作る。

＊ 2人の子供がバイリンガルになる過程

　私は1988年から2006年までの18年間に2回、夫の赴任に伴ってアメリカで暮らしました。1回目は1988年から1994年までイリノイ州シカゴ近郊で、2回目は2002年から2006年までニュージャージー州で暮らしました。
　この間、自分の息子がバイリンガルになるのを2回観察しました。1回目は小学校1年生の時、2回目はアメリカ

第1章 帰国子女が英語を身に付ける過程

で高校3年生が終わった19歳の時でした。1回目は、観察するというほどのものはほとんどありませんでしたが、2回目は、その時点ですでに30年英語学習をしてきた私でも知らなかった英語学習のやり方が、いくつもありました。

2回目にアメリカに赴任した時、娘は5年生、息子は中学3年生でした。私は、彼らがゼロからバイリンガルになる過程を4年間そばでつぶさに観察し、それを日本の学習者の役に立てるのは、英語教師である私の務めであるような気がしました。

私が期待したとおり、彼らの英語習得の過程で、日本の学習者の参考になることはたくさんありました。

まず、彼らの英語習得はどのように行われたのか、それからお話ししたいと思います。

最初にお断りしておきますが、息子は1歳半から小学1年生終了までアメリカにいました。ですから帰国した時は英語はペラペラでしたが、3か月でその英語は消えました。2度目にアメリカに渡った中学3年生の時には、英語は普通の生徒とまったく変わらないレベルになっていました。娘は英語を習わせたことはありませんので、英語を知らない状態で渡米しました。

私たちが住むことになったニュージャージー州のミドルスクールでは、5年生から8年生（日本の中学2年生）までが、ハイスクールでは9年生から12年生（日本の中学3年生から高校3年生）までが学んでいました。娘はミドル

スクールの5年生に入学し、息子はハイスクールの9年生に入学しました。

ミドルスクールは1学年90人ほどで人数も少なく、各教科ごとに先生は変わりましたが、どの先生も、娘が日本から来たばかりで英語がわからないということをご存知でした。

クラスに1人日本人の女の子がいて、カフェテリアでランチを買う方法も教えてくれたので、それほど大変なことはありませんでした。また、週に一度家に英語を教えに来てくれるESL (English as a Second Language) の先生も、学校から紹介がありました。

けれども、息子の通うハイスクールには全校で1000人くらいの生徒がいました。そのため、カウンセラー（日本で言えば担任の先生のような存在）は息子が英語がわからないということを知っていましたが、各教科の先生方は、どの生徒が英語ができないのかは、まったく知らない状態でした。日本人の生徒もいたのかもしれませんが、私たちは知りませんでした。

息子は日本語で聞ける知り合いもなく、カフェテリアでランチを買う英語もわかりませんでした。それで、最初の1か月はお昼はサンドイッチを作って、車で10分くらいにある学校に持って行きました。息子はカフェテリアには行かず、車の後部座席で食べました。この時だけは「英語を聞かなくていい」とほっとしているのが、よくわかりまし

た。学校が始まった最初の1週間は、息子は家でもほとんど食べませんでした。

渡米直後の子供たちの英語力

「英語がまったくできない」ということは、授業中に先生が話す英語がまったく理解できないということです。教室に座っていれば、自然に英語がわかるようになるわけではありません。ですから、わからない授業を、わかる日本語を使って、先生が何を説明したのか、わかるようにしなければなりません。

そのため、息子も娘も、学校から帰ると、その日習った科目の教科書を日本語に訳して理解するようにしました。宿題もたくさんありますし、授業中にテストもありますし、日本のように中間試験、期末試験もありますから、そういうテストに答えられるように、毎日その日習った教科書の単元を日本語に訳して理解していきました。

教科書の文章は、小学校5年生のものでも、日本の高校で習う読解や文法を知らないと訳せないレベルでした。次ページの文は、6年生の娘のサイエンスの教科書にあったものです。この文章の意味を取るためには、高校で習う読解や文法の知識が必要です。

In the previous three chapters, you learned that the Earth's surface is not at all as permanent and unchanging as it sometimes seems to be.

　　出典：『Dynamic Earth』（Prentice Hall 刊）

　つまり、日本の**高校で習う程度の読解や文法の指導を受けていないと、アメリカで６年生が普通に読む文章も読めない**ということです。

　そういう英文は子供たちには訳せませんから、全部私が訳して説明しました。内容を理解させた後、宿題の回答も教科書の英文を使って書きますが、これも、日本の高校で習う文法や語彙を知らないと書けないレベルの文章でしたので、私が言った英語の文章を、そのまま子供たちは書いているだけのような状態でした。自分の書いた英語を見ても、本人たちは、何を言っているのかまったくわからなかったと思います。

　教科書を一緒に勉強しながら、この内容を英語で聞いても、まったく授業がわからないのは当然だと思いました。

※ 日本語で英語を正確に理解することが　　バイリンガルの基礎を作った

　このころの子供たちの勉強の仕方は、日本の訳読式授業

第 1 章 帰国子女が英語を身に付ける過程

を大量の英語相手に超高速で行っているようなものでした。あいまいな理解では先生の質問にもテストにも答えられませんから、**「細部まで、きっちり日本語に訳して正確に理解する」** ことが最も重要でした。あいまいなものは記憶できないのです。

私は英語の教師でしたから、日本では英文を和訳して理解する訳読式授業に批判が集中していることを知っていました。訳読式授業は日本人の英語の上達を妨げている元凶のように言われていました。

しかし、私の見た現実は違っていました。英語がわからない子供たちは、訳読式授業と同じことを大量に行ってバイリンガルになっていったのです。わからない英語を日本語に訳して正確に理解することが、彼らがバイリンガルになる基礎を作りました。英語を日本語に訳して理解することは、英語力の上達を妨げるどころか、**英語を正確に理解する、強固な基礎を作っていた**のです。

知らない単語の意味を日本語で理解して、今度はその英単語を使えるようになり、知らない構文で言っていることを日本語に訳して理解して、今度はその構文を自分で使って表現してみる。彼らはそうやって英語を学んでいきました。

つまり、わからない英語をわかるようにしてくれたのは、彼らが唯一知っている日本語に訳すことだったのです。この後バイリンガルになっていく彼らの英語力の基礎を作っ

たのは、日本語に訳して、わかるまで英語を理解することでした。

しかし、日本では、英語を学ぶ初心者に、最初から「英語で考える」「英語を英語で理解する」という指導をする人もいますので、ここのところは非常に重要だと思いました。それで、外国から来た子供たちに30年以上英語を教えた経験のあるESLの先生に聞いてみました。それに対して先生は、「私が教えた日本人の子供は、**最初は全員教科書を日本語に訳して理解していました**」とお答えになりました。

私の友人の子供たちも同じでした。私のように親が教科書を訳して教えていた人もいましたし、英語のわかる知り合いの日本人に頼んで、教えてもらっていた子もいました。日本語に訳して英語を理解することは、バイリンガルになっていく子供たちの基礎を作っていたのです。その時、彼らが知っている言語は母国語しかなかったのですから、**日本語を使って理解するのは当然のことだった**のです。

もし訳読式授業が英語力向上の妨げになると思っている人がいらしたら、その認識はここで変えていただきたいと思います。日本人の英語力が伸びなかったのは、訳読式授業のせいではなく、日本語に訳した時点で学習をやめてしまい、その後**役目が終わった日本語が自然に抜けていく段階まで学習を進めなかった**のが原因です。

日本語が自然に抜けていく段階については、この後第4章、第5章、第7章で説明いたします。

第1章 | 帰国子女が英語を身に付ける過程

 学習の空白期間

　息子にも娘にも、最初はその日習った全教科の宿題をやらせていましたが、小学生の娘は、新しい学校で疲れていることもあり、全部やるのはあきらめて、やさしい宿題からやり、眠くなったら終わりにして寝かせるようにしました。

　けれども、高校生の息子はそういうわけにはいきませんでした。授業はどんどん難しくなりますので、途中でわからなくなったら、もうついていけなくなります。どんなに夜遅くなっても、その日習った全教科の宿題は終わらせました。

　3時に学校から帰って来てからずっと宿題をやっても、終わるのはいつも夜中の12時ごろでした。息子が中学時代に運動部にいて体力があったのは、本当によかったと思いました。特に化学が週に一度、2時間続きであった日は、教科書の英語も難しくて日本語に訳してもなかなか理解できなかったので、夜中の1時くらいまでかかってしまうことがたびたびありました。夕食を食卓で食べていたら今日中には終わらないと思った時は、冷凍のピザをオーブンで焼いて、ピザを口に運びながら宿題をやりました。

　息子は、日本にいたころ部活は熱心でしたが、勉強はやらなくて済めばやらないで済まそうという子でしたので、

机に向かっていたのは定期試験の直前くらいでした。その子が、学校から帰って来ておやつを食べ終わると、自分で教科書とノートを持って私の横に座りましたから、本人も「大変なことになった」と思っていたのでしょう。

家で日本語に訳してもらって理解しなければ、学校に行っても何もわからない状態が続くわけですから、本人も必死だったようです。

日本から連れてこられた子供たちの教育相談にのってくれるカウンセラーの方々は、この「英語がまったくわからないから授業が理解できない期間」を**学習の空白期間**と呼んでいます。

ESLの教育関係者は、この「学習の空白期間」をできるだけ短くしようと全力を尽くすわけです。けれども、言葉というのは、小学校低学年でもなければそんなに短期間にわかるようにはなりません。その間、子供たちは、辛抱強く日本語に訳して英語を理解する努力を続けていきました。

＊授業の英語がわからない

最初の中間テストの結果が出たとき、息子の成績はどれも合格点に達しませんでした。中学３年の英語力で、英語で行われる授業を理解できるはずはありません。

歴史は、ESLの生徒のための授業を受けていましたが、

第 1 章 | 帰国子女が英語を身に付ける過程

　それでも先生から「太郎(仮名)は文章が書けませんから書けるようにしてください」と言われました。そこで学校のカウンセラーに相談すると、ライティングを専門に教える家庭教師の先生を紹介してくれました。

　けれども、実際に先生についても、文章が書けるようになるには半年、1年とかかります。テストのたびに「文章が書けるようにしてください」と先生から言われても、これは時を待つしかないと思いました。

　化学は相当難しかったようなので、そのこともカウンセラーに相談すると、「Peer Tutor と言って、化学がよくできる生徒が教えてくれる制度がありますので、それを利用したらどうですか」と言われました。

　それで息子に「化学のできる高校生に教えてもらう?」と聞いたら、息子は、もう堪忍袋の緒が切れたように**「こんなもの(化学)、英語でいくら説明されたってわかんないんだよ」**と言いました。

　学校でいやというほど英語で説明されて、それがわからないから困っているのに、家に帰って来てまたわからない英語で説明されて、一体何をわかれと言うのだ、と訴えているようでした。それで、化学は1年間、私が教科書を日本語に訳して説明しました。

※ 努力しても時間がかかる

　毎日夜中まで勉強しても、まったく授業の英語はわかりませんでしたので、テストもまったくできませんでした。私はずいぶん心配でしたが、息子から「先生には何も言わないで」と言われていたので、何も言いませんでした。

　けれども、娘の英語を教えに家に来てくれていたESLの先生に相談したところ、「あなたの息子はテレビばかり見て、遊んでいるからテストができないのではありません。毎日夜中まで勉強しても英語がわからないから、授業が理解できないのですね。それなら、そのことをきちんと先生に伝えなさい」と言われました。

　それで、私は化学の先生に電話して、「息子は日本から来たばかりで英語がまったくわかりません。家で教科書を日本語に訳して一生懸命勉強していますが、英語で理解することができません」とお話ししました。

　すると、先生は「そうでしたか。外国から来たばかりで英語のできない生徒は、物理や生物よりは化学のほうがわかるだろうと学校側は化学を選択させるのですが、英語がわからないのに、化学を理解するのは無理ですね」とおっしゃって、息子の事情を理解してくださいました。

　息子は「先生には何も言わないで」と言っていたのに、私が化学の先生に電話をしたので、数日間口もきいてくれ

第 1 章 　帰国子女が英語を身に付ける過程

ませんでした。けれども、後になってそれでよかったと思ってくれたと思います。

　学年の後半になって、息子が少し英語がわかり始めたころ、先生は息子が質問しに行くと、Extra Help と言って2時40分から3時までの学校で決められた質問の時間でなく、個別に部屋で説明してくださいました。後ろに他の生徒に並ばれることもなく、どんなにたどたどしい英語でしゃべっても誰にも聞かれることはなく、思春期の息子にとってはありがたい配慮でした。

　それ以来、私は新しく来た人から子供の学校のことで相談されると、「日本から来たばかりで英語がわからないということは、なるべく先生にお伝えしたほうがいいです」とお答えすることにしています。

1年間授業がわからないまま

　娘のほうは、1年間ほとんど授業内容はわかりませんでした。毎日家で、教科書のその日授業で勉強した部分を日本語にして説明しました。けれども、説明しても翌日はまた新しいところの授業に入るわけですから、毎日授業はわからないままだったようです。

　宿題も、英語が書けませんから、ほとんど私がやりました。それでも娘は「宿題はやっていきたいの（提出したいとい

う意味です)。先生好きなんだ」と言いました。言葉のわからない子が1人クラスにいれば、先生方も大変だと思いますが、どの教科の先生も理解があったようです。移民の子供を受け入れてきた長い歴史があるのだと思いました。

　娘は英語が書けないため、テストもできませんでした。いつも何も書けないテストになってしまってかわいそうだったので、用語を覚える地理のテストがあった時は「equator　赤道　latitude　緯度」などとプリントにあった用語をテープに吹き込んで、「来週まで毎日聞いてごらん。少しは答えが書けるようになるから」と言って、小さいテープレコーダーを渡したこともありました。

　授業はわからなくても、彼女は授業中、じっと先生の口元を見つめながら英語を聞いていたようです。娘があまりにもじっと見ているので、たまに「？」という顔をして、先生が娘のほうを見たこともあったそうです。顔に何かついているのかな？　と思われたのかもしれません。

✳ 英和辞典は命綱

　アメリカに行ってから娘と息子が使っていたのは、英和辞典でした。それがないと何もわからないので、毎日学校に電子辞書を持って行きました。このころの子供たちにとって、英和辞典は命綱のようなものでした。本当にわから

第 1 章 | 帰国子女が英語を身に付ける過程

なくて困ったときには、アメリカ人の友達に言いたいことを英和辞典に入力してもらい、その日本語訳を見て理解していたようです。

娘が英英辞典を引き始めたのは、アメリカに来て1年たった6年生になったころでした。このころから基本的な言葉が少しずつわかるようになったのだと思います。ただ、まだ授業の英語はほとんど理解できない状態でした。

息子は半年くらいしてから英英辞典を引き始めました。けれども、息子もそのころはまだ授業の英語はほとんど理解できていませんでした。そのころの成績を見ると、それがわかります。

私は、アメリカに行って4か月たった2003年の1月、「いつまでもお母さんが日本語に訳していたら自分の勉強にならないから、自分で辞書（英和辞典）を引いて理解しなさい」と言いました。英語を日本語に訳して正確に理解するのも、構文をとらえる力が要ります。自分でこれができないと、いつまでたっても英語の文章は読めません。

アメリカ赴任の辞令が出た時、息子は中学3年生でしたので、すでに塾の夏期講習を申し込んでありました。個別指導の塾だったので、受験科目の代わりに、中学終了までに習う英語と数学の重要事項を夏休み中に教えてもらいました。ですから、英語の基本的な文法事項はわかっていました。

それでも、ハイスクールの授業で使う文章は、相当英語

の文章を読み慣れていないと、理解するのは難しい文章でした。けれども、それを自分で構文を取って正しく読めないと英語の実力は付きませんので、自分でやらせました。

宿題のプリントの答えも、自分で文を作って書けるようにしなければなりませんので、それも自分でやりなさいと言いました。

ただし、化学の教科書だけは「自分で読んでもわからないから一緒にやって」と言われたので、化学だけは1年間、私が日本語に訳して説明したことは前述の通りです。

空白期間は2年に及んだ

息子は夜遅くまで1人で一生懸命勉強してはいるのですが、英語がわからないために、成績はなかなか上がりませんでした。けれども、先生方の配慮もあり、9年生はぎりぎりの成績で修了し、何とか10年生に進級しました。

ところが、2年目になって新しい科目が始まり、先生も新しい先生方に変わると、また英語がよくわからなくなったようでした。最初のテストはまったく理解できなかったようで、F（不合格）でした。

私も夫も、息子が1年間、夜遅くまで勉強してもまだ授業についていけないということに、少なからずショックを受けました。息子は日本に帰したほうがいいのだろうかと

第 1 章 帰国子女が英語を身に付ける過程

も考えました。

　困った私は、私より先に中学1年生を連れてアメリカに来ていた知人に電話で相談しました。すると彼女は次のように言いました。

　「うちの子は中学1年生になってからアメリカに来ましたが、英語がまったくわからなくて、とても苦労しました。私はアメリカに来てから、『うちの子は日本から来たばかりで、英語が理解できません。ですから授業もほとんど理解できません』と毎年新しい学年が始まるたびに3年間、学校の先生方に言いに行きました。学年が変わって新しい内容を学ぶようになり、先生も変わって聞く英語も違えば、言っていることがわからなくなるのは当然なのです。それを何年か繰り返して、わかるようになっていくのです」。

　彼女の話から、1年では英語がわかるようにならないのが当たり前なのだとわかりました。2年目は、1年目よりは授業はわかるようになりましたが、学習の空白期間はまだ続きました。

　2年目も私は娘の宿題を一緒にやりました。教科書の文章は日本の高校レベルの文章ですから、まだまだ娘には理解できませんでした。息子は中学3年間で習う英語の基礎的な文法事項を知っていましたから、その分、娘より理解できたようでした。

　大学生になった息子は、「アメリカに行ってから日本に帰りたいと思ったことはありましたか」と聞かれて、「帰りた

いと思いました」と答えていましたが、渡米直後の大変な時期にも、一度も「日本に帰りたい」と言ったことはありませんでした。恐らく「アメリカに来なければこんなに大変な思いはしなかった」と思っているだろうと私は感じていましたが「ここでやっていくしかない」と思っているのが、見て取れました。

　最初は夫が単身赴任に決めたほどアメリカに行くのを嫌がっていましたが、**最後は自分で納得してアメリカに来た**からだと思います。もし親に言われていやいや連れてこられたのなら、結果は違っていただろうと思いました。

　娘は日本に帰りたいと思ったことはなかったようですが、渡米後1年たって6年生になった時、髪の毛がたくさん抜けたことがありました。急に学校の勉強が難しくなった時でした。

　言葉がわからないという状態は、短期間では解決できませんので、子供たちにとっては本当に苦しかっただろうと思います。

　2年目も、単位を落とすことこそありませんでしたが、必死でついていく状態でした。

　息子と娘が9割以上授業がわかるようになったのは、3年目の授業が始まってからでした。つまり**学習の空白期間は2年間続いた**ことになります。

　渡米から1年8か月たった2004年4月時点でも、娘から「お母さん、私こんなことで、本当に英語わかるように

第 1 章 帰国子女が英語を身に付ける過程

なるのかな」と1日に何度も聞かれたことがありました。1年8か月たっても、まだ授業の英語は理解できなかったのです。けれども、これだけ蓄積してきていますので、「もうすぐわかるようになる」と私は確信していました。それで、娘に聞かれるたびに「大丈夫よ」と答えました。

※ 英語がわからなかったことを忘れる

3年目に入ると、子供たちの英語は1、2年目とは違う段階に入り、英語がよく理解できるようになりました。それがわかったのは、息子の場合は成績からです。通知表にC以下がなくなりました。

娘には直接聞きました。「英語、わかるようになった?」と言うと「うん、わかるようになった」と答えました。4月に何度も「私、本当に英語がわかるようになるのかな」と聞かれたことを覚えていましたので、「いつごろからわかるようになったの?」と聞くと、「忘れちゃった」と言いました。

3年目に入って2人が英語ができるようになってから、私が宿題を見ることはほとんどなくなりました。ただ、ときどき難しい宿題があった時は手伝いました。

ある日、私が娘の宿題を手伝っていると、息子が「由紀子(仮名)、まだ、お母さんに手伝ってもらっているの?

僕なんか最初から全部自分でできたんだよね、お母さん」と言うので、私は唖然としました。「そう？ お母さん、最初のころ、ずいぶん手伝った気がするんだけど」と言うと、「そうかなあ？（首をかしげて）もしそうなら、それは手伝ってもらわなくても、全部自分でできたんだよ」と言って、自分の部屋に戻って行きました。

　息子のこの言葉には、そばにいた夫も後ろを向いて必死に笑いをこらえていました。宿題のために夕食も作れず、会社から帰ってきた夫にピザをオーブンに入れてもらったこともありましたから、とても息子1人で宿題などできなかったことは、誰の目にも明らかでした。

　英語学習では、発音が上手になった方に「ずいぶん上手になりましたね」と言うと、「そうですか？ 僕は前からこういう発音で話してました」という方もいますので、こういうことはしばしばあります。

　皆さんにも同じような経験があると思います。リスニングの練習をしていて、どうしても聞き取れないところがあったとします。それが聞き取れるようになると、なぜ以前は聞き取れなかったのか、聞き取れなかった時の状態を思い出すことができない、という経験があると思います。

　できるようになると、できなかった時のことは忘れてしまうのでしょう。大学生になった娘は、英語がわかるようになるまで大変だったことは覚えていますが「どんなふうに大変だったか」はもう覚えていないと言っていました。

第1章 帰国子女が英語を身に付ける過程

　自分が流暢に話せるようになると、英語がわからなくて日本語に訳したころのことは忘れてしまうものなのでしょう。その結果、「日本語に訳さなくても、最初から英語が理解できたはずだった」と思い込んでしまうようです。息子の「もしそうだとしたら、それは手伝ってもらわなくても全部自分でできたんだよ」という言葉でそれがわかりました。

　そばで見てきた私には、わからない言葉は日本語に訳さなければ理解できなかったということは明白です。

　確かに1回目にシカゴに赴任した時、プリスクール、幼稚園、1年生と、息子はアメリカ人の友達と遊ぶだけで、英語はペラペラになりました。小さい子が話すことは実際に見ていることが多いのです。ぴょんぴょん飛び跳ねながらI'm jumping.と言われれば、ぴょんぴょん跳ねているのがjumpingだとわかります。

　小さい子は母国語でこそ説明されませんが、**わかるようにするものがあって、理解しています**。小さい子を1人で研究室に座らせて、1日中英語を聞かせたところで、わかるようにはなりません。

＊ 指導者が忘れると深刻な問題を引き起こす

　高校生が「こんなもの、英語でいくら説明されたってわかんないんだよ」と訴えたころのことを忘れて、「僕は最初

から全部自分で英語が理解できたんだよね」と言うのはまだ「かわいいものだ」で済みますが、英語を教える立場の人がこの過程を忘れて、最初から全部英語で理解できたと思い込んだ場合は、深刻な問題を引き起こします。**初心者に英語で教えようとします。**もし私の子供たちがこういう指導をされたら、英語の授業は理解できませんでした。

皆さんはすでに英語を知っているからわからないかもしれませんが、「自分がこれからアラビア語を学ぶ」と想像してみると、アラビア語をアラビア語で教える無意味さがよくわかります。生徒は何も理解できません。

アメリカ滞在3年目に入ったころから、私の子供たちは、日本語に訳した意味が、必ずしも英語の意味とは一致しないということもわかっていきました。**ニュアンスというのは、その国の言葉や文化をたくさん学んで初めてわかってくるものです。**その国の言語や文化を熟知することによってのみわかってくることで、最初から英語を日本語に訳さず、英語のまま言っていればニュアンスがわかるという性質のものではありません。**言葉の持つニュアンスがわかるようになることは、英語の進歩と比例している**と言えます。

✳ 発音について

発音については、2人とも、周りの子が話している発音

第 1 章 | 帰国子女が英語を身に付ける過程

を聞いて、それと同じように言うことによって習得していきました。娘は英語をまったく知りませんでしたが、ほとんどの発音は、聞いて同じように言えました。ただ、Rの発音だけはやり方を聞かれたので、教えました。

発音習得過程で特に気付いたことは、娘の場合はいつも**友達の言った文章を丸ごと真似していた**ということです。本人も「最初は友達の言うことを真似してしゃべっていた」と言っていました。英語の文法をまったく知らないのですから、丸ごと真似するしかなかったのでしょう。

私が最初に娘がしゃべったのを聞いた文が Stop it. だったということは、2冊目(『続・英語発音、日本人でもここまでできます。』)の本に書きました。半年くらいたって That's not bad. くらいの文章は言えるようになっていました。**文を最初から最後まで一連の音で言う発音習得の仕方だから、帰国子女の英語は、音がぶつぶつ切れる日本人の英語とは違って流暢に聞こえます。**

息子は文法を知っていましたから、最初は文を作って話すこともあったと思いますが、それでは通じないことも多かったようです。

私が、自分の英語が通じない時にどうして通じないか考えたか尋ねると、「考えた」と返事が返ってきました。具体的には、声が小さいのかと考えたり、いろいろ気を付けてみたようです。

私は息子の学校が終わって迎えに行った時には、一緒に

出てきた友達と別れ際に話す息子を、斜め後ろから見ることになりました。すると、息子はいったん口を開けて、それからさらに口を縦に大きくもう一度開け直して英語をしゃべり出すのが、あごの動きからわかりました。友達と同じように発音しようと、本人も口の中の縦の空間を大きくとるよう努力したのでしょう。そうやって、思い切って最初から強い声でしゃべり出すよう努力していたのだと思います。

　結局のところ、息子が気を付けていたことも、娘の発音習得の仕方と同じことでした。「僕はこういう言い方でいいのかな？　と多少思うことがあっても、**文章は途中で止まらないで、最初から最後まで言い切る**ことにしている」と言っていました。息子も、**通じるためには文はひとかたまりで言わなければならない**と、経験から知ったようです。

　こうして私は、４年間子供たちの英語習得をそばでつぶさに観察しました。最初の２年は宿題を一緒にやって英語習得の過程を一緒に体験し、３年目以降は、子供たちの英語の使い方を見ながら、日本で英語を勉強した私と比較して違う点を観察しました。その一例を挙げます。

　ある日私は、娘がテレビを見ている横で、息子が来週授業で使うために持って行くものについて聞いていました。息子は「ええと、先生は」とそこまで言った時、突然後ろを振り向いてテレビの画面を見ながら「レイカーズ、勝ったんだ」と言いました。

第1章 帰国子女が英語を身に付ける過程

　テレビではスポーツチャネルがかかっていて、昨日のバスケットボールの試合の結果を放送していました。私の耳にもスポーツニュースは聞こえていたのですが、私は聞こうとして聞かないと、意味は頭に入ってきませんでした。ところが、息子は、聞こうとして聞かなくても、英語が流れれば意味がわかるのだなあと思いました。

　これと同じことは、夫も経験したようです。娘と旅行をして、ドイツ語圏のスキー場にあるホテルに宿泊しました。昼食の時、隣のテーブルの人が夫と娘の座っているテーブルに来て、空いていた椅子を「借りてもいいですか？」と英語で聞いたそうです。娘は即座に「どうぞ」と言ったそうですが、英語で話しかけられると思っていなかった夫は、一瞬遅れて「どうぞ」と言ったそうです。英語を聞くと思っていなかったから、一瞬理解が遅れたと言っていました。しかし娘は「英語を聞く」と構えていなくても、耳に入ればすぐにわかる。自分とは英語の体への入り方が違うと思ったと話してくれました。

　こうして、私は子供たちがゼロからバイリンガルになっていく過程を、日本で英語を学んだ私と比べながら4年間観察していきました。

　ここまでお読みになった皆さんは、「帰国子女は、英語だけの環境に入れられて、自然に英語がしゃべれるようになったのではないの？」と意外に思われたと思います。

　そうなのです。彼らは英語だけの環境に入れられて自動

的に英語がわかるようになったのではなかったのです。そこには、**わからない英語をわかる日本語に訳して理解する、という膨大な努力**がありました。

もちろん、帰国子女の英語習得は年代によって違います。私は、娘と息子がそれぞれ小学校、中学校、高校でバイリンガルになる過程をそばでつぶさに観察しましたので、年代による習得の違いもわかります。しかし、身に付けるのに苦労した年齢の子供を観察した時のほうが、日本の英語学習者に参考になる発見はたくさんありました。

恐らく日本の英語教育関係者の方々の中で、子供がゼロからバイリンガルになる全過程を小学生、中学生、高校生の各年代で、観察された方はいらっしゃらないと思います。

私は、2人合わせて延べ3回、自分の子供がバイリンガルになる過程を観察しました。その結果わかったことを踏まえて、次章から日本の学習者にも役立つ効果的な英語学習について述べていきたいと思います。

第2章
年齢だけが独り歩きした 巷の臨界期仮説

子供でも英語を母国語の半量は
自分の耳で聞かないと
ネイティブ並みの発音にはならない。
ポイントを絞って聞けば、
大人でもネイティブも美しいと思う
正しい発音を習得できる。

＊日本人の英語が通じない理由

　ここからは、子供たちが英語を身に付けた過程を参考にしながら、今、日本人が抱えている英語の問題を解決していきたいと思います。

　現在、英語ができなくて困っているビジネスマンはたくさんいると思います。その対策として、日本人のTOEICの点数を上げることが、重要な課題のように言われていま

す。けれども、TOEICの点数が上がったところで、しゃべっている英語が通じなければ、結局英語ができないことと同じですから、TOEICの点数を上げることより、**通じる英語で話せるようにすること**が大事です。

　私が最初にアメリカで暮らしたのは、1988年から1994年まででした。その時、日本にいる人たちが堪能だと思っている人の英語も、実際には通じていなかったということを知りました。その後、たびたびそういう場面を見ました。

　私はそのことを2012年3月からブログに書いてきました。すると、アメリカにいる私のブログの読者の方が「大学にMBAを取りに行ったら、日本から受講に来ていた人たちの発表する英語が、アメリカ人にはまったく理解できなかった。そして、隣に座っていた知り合いのアメリカ人から、日本人の君がなぜ助けてあげないのか、と言われて困った」という体験談をメールで教えてくれました。

　そういう人たちも、日本に帰れば「アメリカでMBAを取った」と言うでしょうから、彼らの発音が通じないとは誰も思わないでしょう。大人になると、失礼ですから「あなたの英語は通じません」とは誰も面と向かって言いません。ですから、**日本人の英語が通じない**ということは、日本の中だけにいるとわかりません。

　ただし、日本人の英語を通じるようにするには、発音の問題だけを解決すればいいというわけではありません。発音の仕方と、もう1つ学ばなければならないことがありま

第 2 章 年齢だけが独り歩きした巷の臨界期仮説

す。それに気付かず、**発音の問題さえ解決すれば上手にしゃべれると思い込んでいる**ので、有効な対策が講じられないまま来てしまったのです。

　発音を学ぶのに、英語力は関係ないという人もいますが、それは誤った考え方です。通じる発音でしゃべるには高い英語力が必要なのです。なぜかというと、話す時に、今しゃべっている単語の次に何という単語を言うのかわかっていなければ、文章はしゃべれないからです。

　日本人の英語が通じないもう1つの原因は、**しゃべる時に言いたい文章が英語で頭に浮かんでこない**ということなのです。今しゃべっている単語の次に何という単語をしゃべるのかがわかっていなければ、流暢にしゃべることはできません。この点に気が付かないと、何冊発音の本を買って勉強しても、通じる英語で話せるようにはならないということです。

　それでは、この2つの問題を順番に解決していきましょう。

✱ 早期教育をすれば発音はネイティブ並みか？

　発音の話を始めると、多くの方が「自分はもう年齢が上だから上手な発音は身に付けられない」と決めてかかっています。そして、「もっと若い時、小学生のころに発音を習

っていたら、正しい発音でしゃべれたのに」とおっしゃいます。けれども本当にそうでしょうか。

　皆さんがそう思うのは**臨界期仮説**のためだと思います。「言語の発音を習得する場合、ある年齢を過ぎるとネイティブ並みの発音にはならない」という仮説です。主張する人によってその年齢は少しずつ違いますが、大体小学生くらいの年齢でその言語の発音を習得しないと、ネイティブ並みの発音にはならないと言われています。

　しかし、それでは、「**小学生のような早い時期に発音を学べばネイティブ並みの発音になるか**」というと、そういうことはありません。

　臨界期仮説の研究者の方々は、研究結果を発表される時、非常に明確に調査の方法を書いています。例えば、「〇〇の国からアメリカに移住した人々を、1歳〜6歳、7歳〜12歳、13歳〜19歳の3つのグループに分け、発音を調べ」というように、非常に明確にその条件を書いていらっしゃいます。

　それを読めば、移住したのだからその調査の対象となった人々は、移住後、母国語のように英語を使ってきたのだとわかります。母国語と同じ量の英語を聞き、それに続くアウトプットがあったのだと読む人にわかります。

　ところが、専門家が研究していた「臨界期」という言葉を一般の人々も使うようになった時、この**年齢だけが独り歩きを始めた**のだと私は思っています。「発音習得は早けれ

ば早いほどいい」。これだけが独り歩きを始め、**自分の耳でどれだけの量の発音を聞いたのかという問題が忘れられた**のだと思います。日本で英語発音を習っている子供の発音を聞くと、すでにネイティブの発音とは違っています。どう違うのか説明しましょう。

✳ 子音の日本語化

多くの日本人は、英語の正しい子音の発音の仕方を勉強して知っています。Ｎの発音なら舌先を上の歯茎に付けて発音すると皆知っています。けれども、実際に会話をすると、「いいえ」という意味で「Ｎo」と発音した時の日本人の発音は、ネイティブとは違います。**Ｎの子音が非常に短い**のです。皆さんはアメリカ人が「Ｎo」と発音した時「ンノウ」のように聞こえることがあると思います。Ｎの子音が非常にたっぷりと聞こえます。

なぜ、日本人とアメリカ人でこういう子音の長さの違いが生まれるのでしょうか。それは日本人の子音の言い方が、**日本語の子音の言い方になってしまっている**からです。日本人は英語を発音しているつもりでも、実は日本語の子音の言い方でしゃべっているのです。

なぜそうなるのか、次に詳しく説明します。

日本人が「Ｎo」と発音する時は、舌の先を上の歯茎に

付けるのですが、そこでは息を送って音を出さず、**舌が歯茎から離れて次の音に移行する時に息を送って**Nの音を出します。ですからNの音は**非常に短く**聞こえます。

けれども、アメリカ人が「Ｎo」と発音する時は、舌先を上の歯茎に付けて、**舌が歯茎に付いている状態で息を送って**Nの発音をしてから次の音に移ります。その結果、Nは**十分な長さを持って**発音されますので「ンノウ」のように聞こえるのです。

日本人は子音のポジションに舌や唇を持って行っても、そのポジションでは息を送って音を出さず、**そのポジションから次の音に移行する時に息を送って**音を出します。特に、**単語の最初の子音**を言う時に、この言い方が顕著に現れます。なぜそう発音するかは、日本語の音の特徴に由来するものです。

日本語では子音と母音が常にセットになって1つの音として発音されます。そこで**子音と母音がくっついて1つの音に聞こえる**ように、子音を**非常に短く**発音する言い方になっています。子音はほんの少し発音されて、滑るように次の母音に移行します。これが日本語の子音の言い方です。子音の口の形で十分に息を送って音を出す英語の子音の言い方とは違います。

次の図を、黒が子音、白が母音と考えて見てください。

第 2 章 | 年齢だけが独り歩きした巷の臨界期仮説

英語
● ○ ●　　● ○ ● ● ○
d o g　　c a n d y

日本語
☾ ○ ○　　☾ ○ ☾ ○
わ か い　　あ ま え る

　音を分量で表すと、英語と日本語では、子音の分量が満月と三日月(向きは逆ですが)くらい違います。日本人は単語の最初の子音が●ではなく、滑るように次の音に移行する☾になります。これが日本語の言い方です。

　そのため、日本人が英語の子音を発音すると、しゃべる時に無意識にこの滑るように次の音に移行する日本語の子音の言い方にすり替わってしまうのです。単語で発音練習している時や、演説のように1つひとつの単語をはっきり強くしゃべる時にはこの現象は現れませんが、会話のように普通にしゃべる言い方になると、慣れ親しんだ日本語の子音の言い方を英語に持ち込んでしまうのです。

　私はこれを**子音の日本語化**と呼んでいます。日本語化すると、子音が非常に短くなります。これは無意識に行われますので、自分の子音の言い方が日本語の子音の言い方にすり替わっていると気付いている人は、ほとんどいません。

　日本語化した子音で話している人は、まだ母国語以外の子音の言い方があると気付いていない状態にあります。私はよく、英語を話す時の口の中の空間が日本語を話す時とは違うことに気付いてもらうために、「世界中の人が、皆日本語を話す時と同じ口の中の空間で話していると思わない

でください」と生徒さんに言います。アメリカ人は前から見てあまり口が大きく開いていなくても、口の奥の空間は日本人より空いています。なぜそんなことがわかるのかと言えば、それは、耳で聞けばわかります。口の奥が空いていなかったら、ああいう英語の音質は出ません。私はむしろ、日本語のように口の前も奥もあまり開けない形は、世界の言語の中では少数派だろうと思っています。

　それと同じで、「世界のどの言語も、子音は日本語の子音と同じ言い方をする」と思い込まないでください。そうすると、子音が滑るように母音に移行する日本語の子音の言い方が、世界中どの言語でも行われていると錯覚します。そうすると、日本語の子音の言い方を、どの外国語にも持ち込んでしまいます。

✻ 小学生ですでに日本語化している発音

　発音を習っている子供の発音を聞くと、**小学生の段階で、すでに日本語化している子音がたくさん入っています**。なぜそうなるのかと言えば、自分の耳で英語の発音をたくさん聞いていないので「日本語とは違う子音の言い方がある」と知らないからでしょう。発音というのは、**自分の耳で聞いて、聞いた通りに発音する練習をしないと正しく習得できない**のです。

第2章 年齢だけが独り歩きした巷の臨界期仮説

　私の息子は、最初にシカゴに赴任した時1歳半でした。3歳からプリスクールに2年通い、幼稚園で1年過ごし、小学校1年生を終了して帰国しました。アメリカにいた時は、学校で「ESLのクラスに入る必要はありません」と言われたので、他のアメリカ人の子供と一緒に授業を受けていました。発音もネイティブの子供とほとんど同じでした。

　息子は学校では英語を話し、家では日本語を話していました。ということは、母国語の半分くらいの量の英語を「自分の耳で」聞いていたことになります。だから日本語にはない子音の言い方を耳から聞いて知り、自分も同じように発音していたのです。

　つまり、母国語と同じ量とまではいかなくても、せめて**母国語の半分くらいの量の英語を「自分の耳で」聞かないと、小さい子でも、日本語と違う発音をネイティブと同じように発音することはできない**のです。

　長くアメリカに住んでいる友人が、「娘は、1年生の時フォニックスをやっていて、文字を見て発音するのを楽しんでいたの。車で出かけると外のストリートの表示を見て発音するのよ」と言って、その時娘さんがストリートの名前を読む発音を真似してやってくれました。

　CambridgeとかLexingtonとかWinchesterとか、1つひとつの音をゆっくりたっぷり、私から見るとても大げさに唇やあごを動かして発音していた娘さんの発音を再現して聞かせてくれました。子音も母音も、とてもたっ

ぷり発音しているのが特徴的でした。

　また、私の娘の学校のアメリカ人の子供たちも、フォニックスを使って読むときほどゆっくり発音はしませんが、子音も母音も十分な長さがありました。

　日本で英語を話す小学生が、そういう発音で話すのは聞いたことがありません。ネイティブの子供の発音とは全然違います。子音も日本語化しています。

　つまり、発音習得のカギは、自分の耳で「日本語にはない音」の発音を聞くことだったのです。

　私は2冊目の本で皆さんに「自分の耳で聞くことがいかに発音習得にとって重要か」ということを説明しています。子供の時に発音を習っても、自分の耳で音を聞かなければ、発音は日本語化したままです。それは日本語以外の音を知ることがないからです。

　けれども、この後述べるように、大人でも自分の耳で日本語とは違う英語の音が聞けるやり方を工夫すると、**ネイティブも美しいと思う正しい発音が習得できる**のです。

❋ 日本語化した子音の具体例

　以下に、子音の日本語化の例を挙げます。日本語化は、単語の最初の子音で起こります。

第 2 章 年齢だけが独り歩きした巷の臨界期仮説

[M]　mystery の M を発音する時、上下の唇を閉じた状態で息を送って音を出すのが英語の M の言い方です。

　　M が日本語化すると、上下の唇を閉じた状態では息を送って音を出さず、唇が開いて次の音に移行する時に息を送って M の音を出します。

[F]　five の F を発音する時、上の前歯を下唇に付けた状態で息を送って音を出すのが英語の F の言い方です。

　　F が日本語化すると、上の前歯を下唇に付けた状態では息を送って音を出さず、前歯を下唇から離して次の音に移行する時に息を送って F の音を出します。

[W]　where の W を発音する時、唇を丸めた状態で息を送って音を出すのが英語の W の言い方です。

　　W が日本語化すると、唇を丸めた状態では息を送って音を出さず、丸めた唇を広げて次の音に移行する時に息を送って W の音を出します。

[R]　really の R を発音する時、舌を丸めた状態で息を送って音を出すのが英語の R の言い方です。

　　R が日本語化すると、舌を丸めた状態では息を送って音を出さず、丸めた舌を広げて次の音に移行する時に息を送って R の音を出します。

[L]　　littleのLを発音する時、舌が上の歯茎に付いた状態で息を送って音を出すのが英語のLの言い方です。
　　　Lが日本語化すると、舌が歯茎についた状態では息を送って音を出さず、舌が歯茎から離れて次の音に移行する時に息を送ってLの音を出します。

　上記の子音に関して、「日本語化しないように発音するにはどうしたらよいか」の具体的な方法については、次の章で説明いたします。

　また、私の2冊目の本に付いているCDの中で、日本語化した生徒さんの子音と私の子音の比較がいくつか聞けますので、ご参考になさってください。

　いずれも、しゃべっている人は無意識に日本語の子音の言い方にすり替えていますので、気付いていません。自分は正しい発音で話していると思い込んでいますので、なぜ通じないのか、本人には理由がわかりません。

　しかし、日本語の言い方にすり替わった子音は長さが短いので、**通常の長さを持った子音を聞き慣れている人には非常に聞きにくいのです。**これは単語の最初の子音で起きますので、それが聞き取れなかったら、何を言っているのか、聞いている人はわからなくなります。特にシャドウイングをして速さに追われてしゃべっているような時は、子音の日本語化はたくさん現れます。

第2章 年齢だけが独り歩きした巷の臨界期仮説

※ 聞ければ直せる

　結論から申し上げますと、日本にいて外国語として発音を学ぶ場合は、**母国語の半分の量もその言語の発音を聞くことはできませんから**、臨界期仮説はそれほど意味を持たなくなります。確かに、子供は大人よりはよく音が聞けるでしょうし、口の筋肉もやわらかいので、新しい発音も大人ほど苦もなくできるかも知れません。けれども、子音が日本語化している、つまり音が違うということは、大人と同様です。また、小学生の話す英語は発声が日本語の発声と同じですから、ネイティブと同じ音質で話しているお子さんの英語を、私は聞いたことがありません。

　一方で、大人でも方法さえ間違わなければ、ネイティブと同様の発音になることはできます。

　私は大人の発音矯正をしていますが、お子さんが大学生になってから発音を習いにいらして、2年間レッスンを受けた方がいました。彼女はレッスン終了後も自分で川合メソッド（53ページ参照）のやり方で2年くらい発音練習を続け、その後ニューヨークのエステティシャンの学校に入学しました。彼女はクラスメートから、「あなたは、とても英語がきれいだけれど、ボイストレーニングか何かしているの？」と聞かれたそうです。また、他のクラスメートからは「あなたの英語はactress（女優）みたいに聞こえる」

と言われたそうです。

　彼女は、一度で自分の英語が通じなかったから私のところに発音を習いに来たのです。最初は母音の区別もしていませんでしたし、口の中の空間も浅かったのです。けれども、彼女のように大人でも、練習のやり方を選べば、**ネイティブも美しいと思う正しい発音を身に付けることは可能**です。

　音というのは、自分が聞ければ同じように発音できますし、自分の発音とネイティブの発音がどう違っているのか**自分が聞ければ、直していくことができます。**

　私は、アメリカから日本に戻って大量に英語を聞く環境でなくなってからは、発音練習の時には特に気を付けて音を聞くようにしています。今は『The Great Gatsby』（F. Scott Fitzgerald 著）を題材に発音練習しています。その中に There was a ripe mystery about it. という文がありました。

　初めてネイティブの朗読を聞いたときは mystery という単語が「ムミステリー」と聞こえるほど M が長さを持って聞こえました。ところが、毎日聞いているうちに慣れてきて、ちょっとボーっとしていると「ムミステリー」の「ム」の部分が聞こえても、無意識に関係ない音として、耳に取り込まないで済まそうとしている自分に気付きました。日本語の音しか聞いていない世界では、この「ム」は存在しない音、必要のない音なのです。そのため、**聞こえても「関係ない音」として、耳は Tune out（聞こえなくする）**

しようとしたのです。

　日本語しか聞いていない環境では、例えば、英語のMの音が5ミリメートルの長さを持って聞こえてきても、日本語のように次の音に移る直前の2ミリメートルしか、聞こえなかったことにして済まそうとするのです。2ミリメートルしか聞かなくても、私たちは短い子音に慣れていますから、英語は聞き取れますし、何と言っているかもわかります。そうすると、ここで注意しなければならないことが起こってきます。

※ リスニングの点数が上がっても自分の発音が正しいとは限らない

　日本人はリスニングが苦手で、リスニングのために発音を学ぶ人がたくさんいます。「発音できない音は聞き取れない」と言われるので、自分では発音が聞けないと思っている人は、先生に自分の発音を聞いてもらって、良いと言われた発音で音読練習をしてリスニングを上達させようとします。確かに音読練習をすると、英語はよく聞けるようになります。

　けれども、日本人が音読している時の発音はたいてい子音が日本語化しています。短い子音に慣れた私たちは、短い子音しか認識していなくても英語を聞いて理解できます。

その証拠に、日本人同士で日本語化した子音で英語を話していても、全部理解できます。ということは、**たとえ音読練習をしてリスニングの点数が上がったとしても、自分が音読している発音が正しいとは限らない**ということです。日本語化した短い子音で音読していても、リスニングの点数は上がるのです。

　ですから、正しい発音を身に付けるためには、リスニングで判断するのではなく、スピーキングの練習として、**発音そのものをよくすることを目的に練習する**必要があるのです。

✳ 日本語との違いにポイントを絞って聞く

　そのためにはまず、**自分の耳で、お手本の発音をよく聞いてください**。英語の音はどんな音なのか自分の耳でよく聞いてください。次に、お手本の発音と自分の発音を比べて聞いてください。日本語の癖を持ち込んだ自分の発音はお手本とどこが違うのか、自分の耳で聞いて気付いてください。私は、2冊目の本でSの発音の仕方を皆さんに理解していただくために、「プラダを着た悪魔」という映画の例を出しました。「映画が始まって23分経過したところでメリル・ストリープが This…stuff… と言う時のSの発音を聞いてください。Sが長さを持って発音されるのがわか

第 2 章　年齢だけが独り歩きした巷の臨界期仮説

ります」と書きました。

　この映画は大ヒットしましたから多くの人がご覧になったと思います。けれども、ただ映画を見ただけではSの長さに気付く人はいないと思います。

　それが、「23分経過したところのstuffのSの長さを聞いてください」と言われれば、ほとんどの人がSの子音が日本語の子音の言い方とは違うと聞けるのです。30代の人も、40代の人も、50代の人も皆聞けるのです。英語の発音で「どの音の何を聞いてください」と言われたら、よほどわかりにくい音でない限り、年齢に関係なく聞けるのです。大人の発音矯正は、**この聞き方を利用すると非常に効果が上がります。**

　正しい発音習得の障害となっているのは、母国語の言い方を英語に持ち込んでしまうからです。日本語の言い方を持ち込んだ自分の発音とお手本の言い方の違いにポイントを絞って聞くことにより、「ただネイティブの発音を聞く」ことの何倍も正確に音を聞く力を育てることができます。そして、お手本の発音と自分の発音の違いを聞き分けることができれば、自分の発音を正しい発音に直すことができるということです。

　私は以前、通訳学校の関係者の方から「**ネイティブの先生は日本人の発音をどのように直したらよいかわからない**ようです」とお聞きしたことがあります。それはそうですね。日本人の発音がわかりにくくなるのは、日本語の言い

方を英語に持ち込むからです。アメリカ人の先生が、日本語の発音の仕方を細部まで知っているわけではありませんから、ネイティブの先生がどうやって発音を直したらよいかわからないのは当然でしょう。

　一口に聞くと言っても、いろいろな聞き方があります。私は小学生のころ英語を聞いたことはありませんでした。町で外国の人を見かけることもなかった50年前の日本ではそれが当たり前でした。

　それでも、中学生になって英語を学び、They are coming from Denver. という文を発音練習していた時に、自分のNの発音がお手本のNの発音とは違うと気が付きました。私のNは「ごはん、パン」という時のNで、舌先が上の歯茎に付いていませんでした。この話は2冊目の本に書きました。私が中学生でもなぜこの音の違いに気付くことができたかと言えば、私はネイティブの発音だけを聞いていたのではなく、**自分の発音とお手本の発音の違い**にポイントを絞って聞いていたからでした。

　皆さんも試してご覧になるとわかりますが、ただお手本の発音を聞くのではなく、お手本の発音と自分の発音のどこが違うかにポイントを絞って聞くと、耳の膜が1枚はがれたように音はよく聞けるのです。

　もし、それも難しかったら、私がよく初心者の生徒さんに言うように、お手本の文章の中で言われているFの摩擦と自分がしゃべった文章のFの摩擦、この1音だけ、違い

第 2 章　年齢だけが独り歩きした巷の臨界期仮説

を聞いてください。聞くポイントを絞って聞くと、漠然と英語を聞いた時とは比べ物にならないくらい音はよく聞けます。

　すると「自分のFの音は少しだけ聞こえてすぐ次の音に行ってしまうけれど、お手本のFはもう少し長く摩擦の音が聞こえる」と、聞いてわかるのです。そうしたら、お手本のようにもう少し長く摩擦の音を出すようにしゃべればよいのです。つまり、**違いが聞ければ直せる**のです。

✲ 自分で気付けば、直せる

　私は川合メソッドという独自の方法で発音を教えています。普通の発音の先生は、教えた通りに生徒が発音すれば、それで良しとされるでしょう。

　私の場合は、生徒の聞く力を育てて、お手本と自分の発音の違いを自分で聞いて気付き、直していくという手順で発音矯正を行っています。自分でお手本との違いを聞ける力を付けていきますので、ナチュラルスピードの英語になっても、聞いた発音と同じように言える力が付いていきます。

　具体的にどのようにレッスンしているかというと、生徒に課題の英文の発音を聞いて、自分で同じように言う練習を自宅でしてもらいます。そして、自分の発音を録音して

お手本と比べて、違って聞こえるところを自分で直してきてもらいます。

その後、レッスンで生徒が違いに気付けなかった音を私が指摘して、お手本と生徒の発音の違いを聞いてもらいます。指摘されて、違いをもう一度自分で聞いてもらうと、生徒は、自分の発音がお手本とどう違っていたかに気付き、正しい音に直して発音できるようになります。

このようにして、生徒の聞く力と聞いた通りに発音する力の両方を上げて、最終的に、**ナチュラルスピードの英語を聞いて、鍛えた耳と口の力を使って聞いた通りの発音で言える能力**を育てていきます。

私はこうやって、大人の発音矯正を行っています。50歳で、通じない発音で困ってレッスンを始めた方も、そういう方法で勉強すると、通じる発音を身に付けていきます。ですから、自分の年齢が高いとあきらめないでください。焦点を絞って聞き、お手本との違いを直せば、**年齢が高くても、正しい発音が身に付けられます。**

皆さんの場合は独学になりますので、自分が気付かなかった音の違いはどうするのか、という疑問があると思います。けれども、日本人が英語に持ち込む日本語の癖は共通していますので、私が2冊目の本にまとめた、聞くときのポイントを参考にしていただくと、日本人が母国語の言い方を持ち込みやすい英語の発音がわかります。それに気を付けて練習していただくと、効果的な発音矯正ができます。

第 2 章 | 年齢だけが独り歩きした巷の臨界期仮説

教材の選び方

　それでは、大人になってから発音矯正をする場合はどのようにしたら良いかをご説明します。

　まず、最初に**基本の発音**を習得します。そのために、基本の発音について説明してある本を買ってください。自分が使いやすいものならどのような本でも結構ですが、注意点が2つあります。

　1つは、音について細かい解説がたくさん書いてある本はやめます。発音練習は実際にしゃべりながら行いますので、あまりにも気を付ける点が多いやり方は、結局面倒になっていやになってしまいます。**1つの音について、注意点が1つか2つ書いてある**本にします。それでも耳で聞いて同じように言う練習をしますので、発音はとても上手になります。

　2つ目は、**自分の文章の発音を公開**している先生が書いている本を使ってください。「音の解説はできるけれど、自分は文章でしゃべれない」というのは、やはり「発音の指導に何か足りないものがある」ということだと私は思います。例えば、文章全体をブツブツ切らずに言い切るのに十分な息が使えないなど、文章でしゃべるために必要な何か重要な指導が抜けているということだと思います。ですから、自分の文章の発音を公開している先生の書いた本を使

ってください。自分のできないことは人に教えられません。

　また、この後述べるように、**発音矯正は文章で行うこと**が原則です。日本人の英語を通じなくさせる発音トラブルは、文章で発音することが引き金になって現れるからです。単語で発音練習している限り、発音矯正はできません。

　時間のある週末を利用して、最初に基本の発音を学んでください。**発音練習は腰を落ち着けて学ぶことが大事です。**気が急いている状態で発音を学んでも、なぜか音の特徴は聞けません。不思議なことですが、早く終わらせたい、速く習得したいと思っていると、音はなかなか聞けません。ゆったり腰を落ち着けて練習してください。ヘッドフォンあるいは両耳に付けるイヤフォンを付けて、**静かなところで静かに英語が聞ける教材を使って**学んでください。バックに音楽が流れている教材はやめます。「ごはん、パン」のNと英語のNの違いは、そういう教材では聞けません。

具体的な発音矯正のやり方

　最初に基本の発音を学びます。この時だけは単語で学びます。基本ですので、前後の単語の影響を受けない形で、まず学んでおきます。発音記号は、もし私の1冊目の本(『英語発音、日本人でもここまでできます。』)でDVDを見ながら練習する場合は、後半の「DVD使い方マニュアル」

第2章 年齢だけが独り歩きした巷の臨界期仮説

の 25 ページを目の前に広げながら練習してください。そこに今練習している音の発音記号が書いてありますので、見ながら練習すると、覚えようとしなくても自然に音と発音記号が結び付きます。

基本の発音を習得したら、次は**文章の形で発音練習**を行います。発音矯正は文章で行うことが原則です。前にも述べたように、**日本語の癖が出てくる引き金となるのが、文章でしゃべること**だからです。

ここで、子供たちの発音習得を思い出してください。彼らは、**いつも文章を最初から最後まで、ひとかたまりで話していた**と述べました。つまり、日本語の癖が出てくる「文章での発音」をネイティブと同じように言うことによって、日本語の癖が出ない発音を習得していったのです。ですから、皆さんも発音練習は文章の形で行ってください。

日本人の発音が通じないのは、正しい発音の仕方を知らないからではありません。あれだけたくさんの発音の本が書店に並んでいて売れているのであれば、英語を学ぶ方はどなたも一度はきちんと発音を学んでいると思います。

にもかかわらず通じないというのは、単語で習った発音を文章でしゃべろうとした時、英語の発音が本人も気付かないうちに、日本語の発音にすり替わるからです。

つまり、文章の形で発音する時に、日本人の発音トラブルが現れてくるのです。

次ページの図は、日本人とアメリカ人が英文を読む時の

音のつながり方の違いを表したものです。直線は単語を発音している部分です。

```
          [ 単語 ] [ 単語 ] [ 単語 ] [ 単語 ] [ 単語 ]
日本人   ─────  ─────  ─────  ─────  ─────．
アメリカ人 ───── ～ ───── ～ ───── ～ ───── ～ ─────．
```

　日本人は、単語が1つ終わるごとに息が弱くなりますし、唇の力も抜けます。これについては2冊目の本でご説明しました。その結果、**力を抜いた後の単語の最初の子音が日本語化しますし、息が弱くなったところで文章がブツブツ切れます**。そうすると、日本語のように**等間隔でタッタッタッタと切れるリズム**でしゃべることになります。

　アメリカ人は生まれてからずっと英語を話していますので、そういう意識はないでしょうが、単語と単語の間で息が弱くなりませんし、唇の力も抜きません。単語と単語の間でも息や唇の力は保持され、次の単語につながっていきます。

　ですから、単語の最初の子音もよく聞こえますし、文は最後までブツブツ切れません。強く長く引き伸ばされる音も十分保たれますので、強弱のリズムに聞こえてきます。

　つまり、子音の日本語化、タッタッタと短く切れる等間隔のリズム、こういう日本語の癖は「文章でしゃべる」ことが引き金となって無意識のうちに現れてくるのです。文

第 2 章　年齢だけが独り歩きした巷の臨界期仮説

章でしゃべった時、単語と単語の間の唇の力を保持する動きや声をつなげる息の支えをできるようにしないと、日本語の癖はなくせません。単語だけでいくら発音練習しても、発音矯正はできませんので、注意してください。

　恐らく、長く英語を話してきて通じないという方は、単語で基本の発音を習得した後、文章の形で発音練習をしないで、自己流で単語をつなげて話してしまったからだと思います。その発音を矯正する場合は「文章で」お手本と同じように発音する練習をしていきます。

　発音矯正に使う教材は、なるべく**短い文で簡単な表現のもの**にします。そのほうが、複雑で長い文より効果が早く現れます。それには初級用の英語教材が良いと思います。

　ネイティブからも発音がきれいだと言われた前述の生徒さんは、中学校1年生の教科書に載っている文で発音を矯正しました。短い簡単な文章なので、彼女が自分の発音とお手本の発音の違いに気付きやすかったのです。効果が早い時期に現れてきました。これは、教科書ガイドとCDを書店で買えば誰でも始められます。

　子音の日本語化を直す発音練習をする場合は、演説を教材には使いません。一語一語強くはっきり発音する演説のしゃべり方では、子音の日本語化はほとんど起こらないので、直す練習もできません。

　また、映画のセリフや演説のようにあらかじめ皆が何としゃべっているのか知っている教材も、初級の発音練習に

は向きません。どんな発音でしゃべっても周りの人に何という単語をしゃべっているのかわかりますので、音の間違いに気付きにくくなります。

初級の発音練習はいろいろな種類の会話文を数多く練習していく方法が適しています。

＊ 文章の発音練習のやり方

文章で発音練習をする際には、まず、お手本の文1つを、何度も聞いて同じように言ってください。その時、もし今迄に発音したことのない単語が文に入っていたら、最初にその単語の発音ができるようにしてください。辞書で発音記号を調べて、実際の文章で言われた教材の中の発音を聞きながら、自分も同じように発音してみます。

その単語の発音ができるようになったら、文章全体をお手本と同じように言えるまで練習してください。大体同じだなと思ったら、録音してお手本の発音と比べてください。

こう言うと「比べてもどこが違うのかわかりません」という方が多いのですが、「では、自分の発音はお手本の発音と同じに聞こえますか？」とお聞きすると、「いいえ、何か違います」とお答えになります。ですから、耳はちゃんと聞けているのです。その違いを言葉にする練習が初めてなだけです。ですからそれをやってみましょう。何でもいい

第2章 年齢だけが独り歩きした巷の臨界期仮説

ですから、違うと感じることを1つ、言葉で表現してください。

「お手本の声のほうが大きい。自分の声は小さい」と思ったら、今度は大きな声で文を発音して録音してください。そして、お手本と比べてみてください。

今度は何が違うと思いますか？

「お手本のほうが滑らかだ」と思ったら、今度は滑らかに発音して、お手本と比べてください。こうして、そのページに出てきた文を1つずつ練習していきます。

皆さんは、こんな練習で何が変わるのだと思うかもしれません。けれども、音の違いを言葉にしてそこを直す練習を始めたということは、**ポイントを絞って聞く練習**がスタートしたということなのです。「漠然と2つの発音が何か違う」と言っていた時とは違って、「声の大きさが違う」「滑らかさ（音のつながり方）が違う」とポイントを絞って聞く練習に入ったわけです。**違いを認識する訓練**が始まったのです。

まだ、聞くことに慣れていく段階なので、気付くことは、やや大ざっぱなことが多いのですが、こうして繰り返し相違点を認識しようと聞いていくと、だんだん聞く力が上がってきます。そうすると、聞く対象も焦点が絞られていきます。「NoのNが短いようだ」とか「littleのLはもう少ししつこく歯茎に舌先を付けておいたほうが良いようだ」などということにもだんだん気付けるようになります。**聞**

く力は、ポイントを絞って聞いていくと上がっていきます。

　「人間の能力は使えば使うほど向上する」ということは、皆さんご存知だと思います。反対に、聞くことを他人に任せてしまうと、聞く力はもう必要ないと認識されて、どんどん後退します。**「自分で聞かなくても、先生が聞いてアドバイスしてくれる通りに発音していればいい」と思っていると、自分の聞く力はどんどん衰えていってしまいます。**是非、自分の耳で音の違いを聞き取る練習をしてください。

　特に 10 代、20 代の方は、そんなに早い時期から自分の聞く力をあきらめないでください。聞くことを他人に任せてしまうと、自分の聞く力は後退する一方です。

　皆さんは「自分の気付く音の違いなど大したことではない」と思っているかも知れませんが、

自分が気付いた
　　＝自分が新しい言語（英語）の発音を知った

ということなのです。

　私の子供たちの発音習得の過程をここで再び思い出してください。彼らは、まず聞くことから始めました。彼らは周りのアメリカ人の発音を聞くことによって、今まで話してきた日本語とは違う音を知ったのです。皆さんがここでやっていることも、それと同じです。**日本語になかった音を自分の耳で知った**ところなのです。そして、それが発音

第 2 章　年齢だけが独り歩きした巷の臨界期仮説

練習のスタートなのです。

　先生に言われた通り発音しているのは、まだ自分の耳が新しい言語 (英語) の発音を知らないということなのです。ですから、どんなことであっても、自分で気付いたお手本と自分の発音の違いは、新しい言語 (英語) の発音を知ったことであり、貴重なことなのです。

　こうして自分の耳で新しい言語 (英語) の発音を知っていくから、発音矯正が可能になるのです。聞く力は少しずつ上がっていきますので、始めから全部違いが聞けるわけではありませんが、階段を 1 つひとつ上るようにだんだんよく聞けるようになっていきます。今の自分で直せるのはここまで、というところで 1 つの文の練習は終わりにして、次の文に進んで結構です。

　1 つひとつの文を同じに言う練習が終わったら、そのページ全体を通して 10 回でも 20 回でも結構ですからすらすら読む練習をしてください。本当は 70 回くらい読んでほしいのですが、時間の関係でそんなに読めないという方もいらっしゃるでしょうから、すらすら読めるまで練習してください。すらすら読めるようになったら、そこでやめないで**「すらすら読める状態」を定着させるためにその状態で何回か読んで**から、終わりにしてください。

　こういう練習を 8、9 か月続けると、正しい発音でしゃべれるようになります。

　大人の場合は、母国語との発音の違いにポイントを絞っ

て「意識的に直していく」ことによって、発音矯正が可能になります。

先生がいなくても、自分の耳で日本語との違いを意識的に直していけば発音矯正はできますので、何歳でもあきらめないで、正しい発音を身に付けてください。初級の発音教材はゆっくりなので、子音の日本語化を気にしないで発音しても、お手本とそれほど違っては聞こえません。けれども、そういう練習の仕方をしていると、スピードが上がってきた時に子音が短くなってきます。ですから、**初級の時から**、その音を出す口の形をした時に「子音が日本語化しないように口の形を保持して息を送るのだ」と意識して発音練習するようにしてください。

大事なことを理屈で理解して発音練習に反映できるというのは、**大人だからこそできること**ですので、子音の日本語化に関してはいつも気を付けて練習してください。

＊ 機器の使い方について

　川合メソッドは自分の発音を録音してお手本と比べて直していきますので、その時、録音機器をどのように使うのかよくご質問をいただきます。そこで、ある生徒さんのやり方をご紹介したいと思います。

　この生徒さんはお手本用、自分の発音用と２つのICレコ

第 2 章 年齢だけが独り歩きした巷の臨界期仮説

ーダーを持ち、片方ずつイヤフォンを使っています。

どうするかと言いますと、まず、教材の CD の英文をパソコンを使って IC レコーダーに取り込みます。1 文ずつ聞くときは IC レコーダーの区間リピートという機能を使っています。イヤフォンは通常左右両方の耳に付けますが、この生徒さんは、お手本を聞くイヤフォンは左耳だけに付けます。

次にそのお手本を聞いて自分が発音し、もう 1 台の IC レコーダーに録音します。自分の発音を聞くときは、イヤフォンは右の耳だけに付けます。つまり、2 つの IC レコーダーに付けたイヤフォンからそれぞれ片方ずつ付けていることになります。

こうすることによって、お手本の発音、自分の発音ともに指先の操作 1 つで簡単に聞けるので、練習がとても効率的にできると言っていました。お手本は左の耳で聞いても右の耳で聞いてもよく、その日の気分で変えているそうです。むしろどちらかの耳に固定しないほうがいいと思います。どちらの耳でもよく聞けるようにしておきましょう。

この生徒さんは 2 台の IC レコーダーを使っていましたが、IC レコーダーを 2 つ買うのは大変だと思います。自分の発音を録音するのは IC レコーダーでしかできませんが、お手本の発音を聞くのは、CD プレーヤーやパソコン、iPod Touch や iPhone など、既にお持ちの機器を活用されるといいと思います。CD もパソコンも、1 文を繰り返

し聞くことができます。iPod Touch や iPhone は、私は使っていないのでうまくできませんでしたが、使い慣れている人は1文ずつ戻すこともできると思います。

テープレコーダーの時代にはちょっと面倒だった発音の比較は、音をデジタル化できるようになった今、簡単な操作でできるようになりました。

音楽の場合は左右両方の耳で聞かないと感じが違ってしまいますが、言葉の場合は片方のイヤフォンで聞いても、ほとんど問題はないと生徒さんが言っていました。私も CD プレーヤー、パソコン、iPod Touch、IC レコーダーでやってみましたが、音に問題はありませんでした。

ただ、初めて川合メソッドで学ぶ方は、最初に何回もお手本の音を聞いて自分で言ってみる時は、両方の耳で聞いたほうが音に集中しやすいと思います。上手に言えるようになって自分の発音を録音してお手本と比べる時になったら、片方ずつイヤフォンを付けるやり方にされると便利でしょう。

なお、日本人の発音がわかりにくい理由には、発声の仕方やリズムの問題もあります。この2つについては、それぞれ『英語発音、日本人でもここまでできます。』『続・英語発音、日本人でもここまでできます。』をご覧ください。

第3章

通じる子音の発音の仕方

通じる M、W、R、L、N、F の発音の仕方。
英語を話す時は
日本語の口の動きとはサヨナラする。
口の周りの筋肉も発音に使う。
一時的に必要な大げさな発音練習。

※ 日本語化を防ぐ発音の仕方

　単語だけで発音練習している時や演説で発音練習している時は、子音の日本語化はほとんど現われません。また初級のゆっくりした教材の場合も、子音の日本語化は目立ちません。これが顕著に現われるのは、ナチュラルスピードで会話を始めた時です。会話をしている時、単語の最初の子音が日本語化してきます。

けれども、上級になってから日本語化した子音を直すのはとても大変です。そこで、まだ、ネイティブの子音と日本語化した子音の違いを聞き取る練習を始めたばかりの**初級の段階から子音が日本語化しないように練習**していけば、ナチュラルスピードになっても日本語化しない子音で話せるようになります。

　それではどうすれば、日本語化しない子音で話せるようになるのか、お話ししましょう。実際に私が発音練習でやっていることです。例文も今私が使っている『The Great Gatsby』（F. Scott Fitzgerald 著、引用箇所Ⓐ）、『The Last Leaf』（O. Henry 著、同Ⓑ）からとりました。

［Mの発音］

　mother と発音するとき、まず、上下の唇を合わせて少し力を入れて「ム」と言いながら鼻に息を送ります。その「ム」の音が切れないうちに続けていつも言っているように mother と発音してください。そうすると子音は日本語化しません。ネイティブにもよく通じるMの音で話せます。

　私が今、発音練習している教材の最初は以下の文です。

My family have been prominent, well-to-do people in this middle-western city for three generations.　（Ⓐ）

| 第３章 | 通じる
子音の発音の仕方 |

　この My を読んでいるお手本のネイティブの発音が、上に説明した、上下の唇を閉じて、少し力を入れて「ム」と言った後に「マイ」と発音するとそっくりに言えますので、私はいつもそう発音しています。また、middle の M も上に説明したように発音するとお手本と同じように言えます。日本人には少し力の要る言い方ですが、こうすると相手によくわかる発音になります。

　Many men had already loved Daisy.　(Ⓐ)

　この文も、そうやって発音すると子音が日本語化しないで言えます。この場合、M で始まる単語が続きますので、初級の方には少し忙しい動きですが、子音が日本語化しないようにするのは文章の中でできないと役に立ちませんので、なるべく文章の中で練習してください。
　単語の最初に来た M は、**上下の唇を少し力を入れて合わせて「ム」と言ってからいつものように発音する**と、相手によく通じる M が発音できます。

[**W の発音**]
　I went out to the country. の went を発音する時、W のところですぼめた唇の中を息がウーと通って行くのを唇で感じてから次の「エ」の母音に移ります。下の文の walk、was などの W を発音する時も、すぼめた唇の中を

息がウーと通るのを感じてから次の母音に移ります。

And as I walked on I was lonely no longer. I was a guide, a pathfinder, an original settler. (Ⓐ)

walk、wasなど、よく出てくる当たり前の単語で、毎回、Wの音を唇の中を息が通って音を出すのを感じながら発音していると、ナチュラルスピードの文をしゃべるようになってもWの音がよく聞こえるように発音できます。

上級者でWの音が聞こえなくなる人はたくさんいます。しかし、気を付けて練習すれば、初級者でも上級者より上手な発音ができます。Wの音の日本語化は、**上下の唇の間を通る息の流れを唇で感じながら「ウ」と言う**ことによって防げます。

最初は唇の間を息が通って行くのを感じるまで待っていると、早く次の音を発音したい衝動に駆られると思います。しかし、英語の子音は今まで慣れ親しんだ日本語の子音の言い方とはまったく違う唇の動きをします。「英語の唇の動きを新たに身に付けるのだ」と思って、息が通って行くのを感じるまで待ってください。最初はWのところで時間がかかってしまうような気がしても、練習を続けていくと明確に聞き取れるWを発音しながら普通の速度で話すことができるようになります。

第 3 章 | 通じる
子音の発音の仕方

[Rの発音]

　日本人には文章の中でRを聞こえるように発音するのが難しいのです。これはRの口の準備をするために、Rの前で息を止めてしまう人がたくさんいるからです。そうするとせっかくRの口の形を作っても、日本語化して聞きにくくなります。これを避けるためには、息がきちんと流れている状態でRの発音を開始することが大事です。

　例えばripe と発音するとき、発音する直前に口から息を少し外に流し始めます。そして息が流れている状態で、舌を丸めてきてripe と発音します。そうするとRの音が良く聞こえます。

　There was a ripe mystery about it. という文を発音するときはa を言った後、息をそのまま流して ripe という単語を言うと、Rははっきり聞こえます。

　There was so much to read. という時も、to を言った後、息をそのまま流しながらRの舌を丸める動作を開始するとread のRがよく聞こえます。Rの口の形を作るところで息を止めないで、**最初に少し息を流しておいてRの発音を開始する**ようにしましょう。

　そのためにも、私がDVD（1冊目の本に付いています）の中で言っているように、Rの練習をするときは、いきなり舌を丸めた状態で音を出すより、舌が平らな状態から始まって丸まっていく状態を作るように練習してください。そうすると、息が流れた状態で、Rの発音を開始しやすく

71

なります。こちらのやり方のほうが、日本人には相手に通じるRの発音の仕方が身に付きます。

[Lの発音]

　Lを発音する時は、Lで始まる単語の前にもう1つLが付いているつもりで発音すると、日本語化しないLが発音できます。

Johnsy lay for a long time looking at it.　（Ⓑ）

『The Last Leaf』の終わりのほうでジョンズィーが落ちなかった葉をじっと見つめる時の文です。
　lay という単語を発音する時は、lay の前にもう1つLがあるLlayだと思って発音すると、日本語化しないLが発音できます。
　どうするかというと、まず、**舌先を上の歯茎にぴったり押し付けて1つ目のLを発音し、そのLの音を切らないで続いていつも皆さんが発音しているようにlayと発音してください**。Lがネイティブのように長さを保って発音できます。
　long を発音するときも、long の前にもう1つLがあるLlongだと思って発音してください。まず、舌先を上の歯茎にぴったり押し付けて1つ目のLを発音し、そのLの音を切らないで、続けて皆さんがいつも発音しているlongの発音をしてください。そうすると、Lが日本語化しません。

第 3 章　通じる子音の発音の仕方

ネイティブがいつも聞いている L の長さで言えます。

　looking を発音する時も、その前にもう 1 つ L がある Llooking と言うつもりで、舌先を上の歯茎にぴったり押し付けて 1 つ目の L を発音し、その音を切らないで、続けて皆さんがいつも発音しているように looking と発音してください。そうすると L が日本語化しないで英語らしく聞こえます。

　舌先を歯茎に押し付ける時は、私の 1 冊目の本に付いている DVD で手の形を示して説明しているように、上の歯茎にぴったり付けると、英語らしい音がします。

　私はかなり発音練習をしていますので、L の発音の仕方を L 2 つ分にしても、モデルと同じ速さで朗読できますが、もし、文中の L で、こうするとリズムが遅れてしまうと気になる場合は、下の例文のように文頭やカンマの後など、リズムに差し支えないところでまず練習してください。

　Love is patient.　Love is kind.　(聖書より)
　 "Dear, dear!" said Sue, leaning her worn face down to the pillow.　(Ⓑ)

[N の発音]
　N も L と同じです。

　I never saw this great-uncle.　(Ⓐ)

と言う時、never を Nnever と、never の発音の前にもう1つNがあると思って発音すると、子音が日本語化しません。never のところで、**舌先を歯茎に押し付けてNを発音し、その音を切らずに続けていつも発音しているように never と発音してください**。そうするとNが日本語化しません。少ししつこく、ためたようなNの発音になり、ネイティブにもよく通じます。

[Fの発音]

他の子音も同じですが、摩擦音の場合は特に耳で、**毎回摩擦の音を確認してから次の音に移ります**。Fは、一瞬息を強くして、「フッ」と言う破裂音のような音ではなく、「フー（母音は含みません）」と持続する摩擦音ですので注意してください。Mのところで提示した例文のMy family のFを言う時は、耳で、Fの摩擦をよく聞きます。

発音練習は静かな室内で行いますから、自分に聞こえるFの摩擦の音は、隣に誰かが座っていたらその人にも聞こえます。

私は、最初のレッスンから「Fの音はFの摩擦がそばにいる私にいつも聞こえるように発音してください」と生徒さんにお願いします。すると生徒さんはFがテキストに出てくるたびにFの摩擦が私に聞こえるように練習してきます。1年くらいたつと、Fが出てきたら摩擦の音が私に聞こえるように発音することが当たり前になって、自然にそ

う発音しています。

　こうして、**意識的に日本語の影響を受けた短いFの言い方を直していくと、発音矯正は成功します。**

　皆さんの場合は、横に会話の相手がいると思って、その人にFの摩擦が聞こえるようにいつも意識して発音するといいと思います。練習では少し大げさに摩擦音を出して構いません。そうやって練習していてもネイティブの前に行くと緊張しますので、会話が始まれば、ちょうど良い大きさで話しています。

　他の摩擦音、**S、TH も同じように耳で摩擦の音が出ていることを確認して、日本語化しないように練習します。**Sは2冊目の本でとても詳しく説明しましたが、一瞬息を送って出す音ではなく、持続する摩擦音です。長さがありますので注意してください。

　TH については、**口の作り方が難しい、息の送り方も難しい、**と2つ難しいところがあります。こういう場合は、TH を正確に発音する努力を続けながら、まず、Fで息の送り方をつかみましょう。そうすると TH の難しさも克服しやすくなります。

✳︎日本語とはまったく違う口の動かし方で

　上のような発音の仕方は、思いついた時にやる、という

やり方では意味がありません。無意識に発音しても発音が乱れない、つまり会話で、これから言うことや相手の言ったことを考えることに100％自分の注意が行ってしまっても通じる発音で話せるようになるためには、これらの音が出てきた時は、**いつも日本語化しない発音でしゃべる、と徹底する**ことが大事です。そうすると、よく通じる発音で会話ができます。

　初級の教材はゆっくりなので、特に気を付けて発音しなくても、子音は聞こえます。しかし、そういう練習の仕方では速度が上がってきた時に子音が日本語化します。初級の時から日本語化に気を付けて練習してくるとナチュラルスピードになっても、よく聞こえる子音で話せます。最初は多少大げさに感じるかも知れませんが、続けていくと自然なしゃべり方になります。長さを持った子音はよく通じるだけでなく、非常に英語らしく聞こえます。

　先日、以前発音を習いに来ていた生徒さんとお話しする機会がありました。私が「今はもう、Ｗの音については、ネイティブの発音と日本語化した発音の違いが聞けますか？」とお聞きしたら、次のような答えが返ってきました。「先生にＷの音が違いますね、Ｗの口の形をしてそこで息を送って音を出してください、と言われて、自分もそう発音するようにしました。すると、発音練習をしていてＷの音が出てくると、以前よりその音がよく聞けるようになるんです。そうすると、ネイティブがＷの音をどうやって発

第 3 章 通じる子音の発音の仕方

音しているのか、聞いてわかってくるんです」と言っていました。

自分が長さを持った英語の子音の発音ができるようになると、今までは聞こえてきても「日本語にはない音の長さで関係ない」と無意識に聞こえなかった音として処理してきた英語の子音の長さが聞けるようになるのです。日本語の短い子音に慣れてしまった感覚でゆがめられていない、英語本来の長さを持った子音を聞くことができるようになります。

ですから、これから聞く練習を開始する初級の方々も、自分が上に述べたような方法で日本語化しない子音で発音するようにしていると、音はもっとよく聞こえてきます。この生徒さんは最後に次のように言いました。

「英語の発音を身に付けるということは、英語を発音する時は、日本語の口の動かし方とはサヨナラする、ということですね。**口の動かし方も唇、舌の動かし方も、日本語とはまったく違う言葉をしゃべるということ**なのですね。今までしたことのない口の動かし方を身に付けるということなのですね」。

これを聞いた時、私は「彼女は英語の発音を習得した」と思いました。

文章を日本語化しない子音で話す練習を始めると、長さを持った子音を発音するところで、もたつくような気がすると思います。初めて身に付けることですから当然の感覚

です。私は1冊目の本の85ページで、ＴＨが出てくるたびに口の準備に5秒くらいかかる生徒さんの例を書きました。

けれども、正確に発音することが最も大事なので、5秒かかっても、私は毎回、彼女がＴＨの口を作って発音するのをじっと待っていました、と書きました。

日本語化しない子音で話そうとすると、その子音のところで、皆さんも5秒くらいかかってしまうような気がするかもしれません。けれども、もし私が皆さんの前に座ってレッスンをしていたら、「5秒かかっても構いませんよ。しっかりその音を出してから次の音に移ってくださいね」とアドバイスをするでしょう。そして5秒でも10秒でもじっと待っているでしょう。発音習得に一番大事なことをやっているのですから、最初は時間がかかってもちっとも構いません。その発音の仕方を続けてください。いつまでも5秒かかっているわけではありません。日が経つごとに時間をかけなくてもその発音の仕方ができるようになっていきます。少しの辛抱です。

「口がその言い方を身に付けるのに時間がかかる」ということは「新しい発音の仕方を身に付けている」ということなのです。自分の発音がよりネイティブに近い段階に入るということなのです。それは進歩の証ですから、練習を続けてください。

以上、子音の日本語化について説明してきましたが、お読みになった皆さんの中には、こんな細かいことが日本人

第 3 章 | 通じる 子音の発音の仕方

　の発音を通じなくしているわけがないと思われる方もいると思います。そう思われるのは、まだ、日本語以外の子音の言い方があることをご存じないからだと思います。しかし、現実に、日本語とは違う子音の発音の仕方が外国語にはあるのです。

　英語の子音は日本語の子音にはない長さを持っています。長い間、日本語だけを聞いてきた耳は、英語の子音が長さを持って聞こえてきても、「関係ない音」として Tune out（聞こえなくする）してきました。けれどもまさに耳がTune outし、日本人が気付かなかったその小さな子音の違いが、日本人の発音を通じなくさせてきたのです。日本人がしゃべる単語の最初の子音があんなに短くては、いつも長さのある子音を聞いてきた人たちには認識できません。

　長い間、日本語で、すぐに次の母音に移行する短い子音を当たり前に話してきた私たちは、ともすると、世界中の言語の子音はみんな日本語と同じように短く発音されてすぐに次の音に移っていくと何の疑問もなく思ってしまいます。しかし、**日本語の子音の言い方が世界共通の子音の言い方ではない**のです。日本人には当たり前の子音の言い方でも、英語を母国語とする人は、そういう子音の言い方はしないのです。彼らは子音と母音をいつもセットにして、1つの音として発音しているわけではないからです。そのことに早く気付いていただきたいと思います。

　そのためにはまず、日本語化しない子音で話すことから

始めてください。自分がそう発音していると、今まで日本語にはない音として、聞こえて来ても耳がTune outしてきた子音の長さが聞けるようになります。そうすると、日本語とは違う子音の言い方がある、と知ることができます。それを知ると、通じる英語の子音で話せるようになります。

ネイティブの赤ちゃんも練習している

　子音も母音もたっぷり発音する英語をしゃべるには、かなり口の筋肉を使います。私たちが見るアメリカ人は、長年英語を話してきた人たちですから、特に口の周りの筋肉をたくさん使っているようには見えませんが、発音を身に付けている最中の子供は、口の周りの筋肉をとてもよく使っています。

　シカゴに暮らしていた時、スーパーマーケットのお肉売り場で順番を待っていたら、前の人のカートに座っていた赤ちゃんが、私のほうを向いて一生懸命何か言っていました。

　何を言っているのかよくわからなかったのですが、お肉を買って戻ってきたお母さんが、自分の胸に付けていたお花のブローチを指差しながら「この子は flower と言いたいのですが、まだ言えないのでフローになってしまうんです」と言いました。なるほど、赤ちゃんは顔中口のように

第3章 通じる子音の発音の仕方

して何回もフローと言っていました。「フ」を言う時は、周りに唾が飛ぶくらい息を吹き出していましたし、「ロー」という時は、カートにつかまっている両手にも力を入れて頭を上から下に振り下ろして言っていました。全身を使って発音しているように見えました。

　子供が言葉を言い始めたころ、口を大きく動かすのは、私の息子でも経験しました。息子が3歳で、プリスクールに入って1年くらいたったころでした。住んでいたアパートの地下のガレージから3階の部屋に行こうと、2人でエレベーターホールで待っていた時のことでした。

　エレベーターは2台ありましたが、その日、1台は業者の男性が修理していました。私は息子と手をつないで、その仕事を見ていました。その時息子が口や舌をレロレロ、レロレロ大きく動かしていました。あまり長くレロレロ動かしているので、「歯が生えてくるので、かゆいのかしら？」などと私は思っていました。

　そうしたら、息子のレロレロが終わると、業者の男性が自分が切った2つの板を合わせて「こうなるんだよ」と息子に見せました。その時、息子がレロレロやっていたのは、英語でこの人に話しかけていたのだとわかりました。

　たぶん赤ちゃん言葉だったので、私にはわからなかったのだと思います。日本語でも小さい子は「お父さん」と言えなくて「おたーたん」と言ったりします。その時の息子の口の動きも大変大きく、あごを動かしているという感じ

に見えました。

　また、夫の海外赴任から帰国した私のいとこの2、3歳の子供の、red という時の大きな口の動かし方が、母と叔母の間で話題になっていました。

　アメリカ人は、発音を初めて習得する時に筋肉をとてもよく使うのだなあと思いました。大人のネイティブを見ていると、もう慣れた口の動きですからとても自然ですが、子供が最初に習得する時は、口の周りの筋肉をよく使っていると思います。

　発音練習1年目の私たちも、唇だけでなく唇の周りの筋肉も一緒に動かして発音練習すると、ナチュラルスピードの英語を話すようになった時の発音の明確さが違います。68ページの例文、My Family have been で始まる『The Great Gatsby』の朗読は、1分間に約180語の速さですが、これをモデルと一緒に読むためには、唇だけ動かしていたのでは、もごもごしてわかりにくい発音になります。

　唇とともに口の周りの筋肉も一緒に動かさないと、日本語化しない子音、切れない母音で朗読できません。初級の時は唇だけ動かして発音していてもそれほど支障は感じませんが、**初級のころから口の周りの筋肉も一緒に使って発音練習しておくと、ナチュラルスピードの英語を話すようになっても、明瞭でよく通じる英語が話せます。**

　それではどのあたりの筋肉まで使うかと言いますと、茶

第3章 | 通じる子音の発音の仕方

色い**クマのぬいぐるみ**を思い浮かべてください。クマのぬいぐるみの顔は、口の周りだけ白くなっています。

口の周りの白い部分くらいは、英語をしゃべるときに一緒に動かしてください。口の周辺の筋肉も一緒に動かすことにより、唇は速い動きでも、しっかりした音を出すことができるようになります。

最初は、「なんだか大げさで、人に笑われそうな動きだな」と感じるかも知れませんが、シカゴのスーパーでカートに乗って「フロー」と発音していた赤ちゃんも、数年すれば普通に話すようになるのですから、おかしく感じるのは最初のうちだけのことです。やってみてください。

✳ 大げさな発音をからかわない

ところで、一生懸命正しく発音しようとしている人の発音を、日本では笑ったりかっこつけている、とからかったりする風潮が残念ながらあります。日本語を母国語にしていると、確かに大げさな発音には違和感があります。英語

に接する機会のない人には仕方がない面もありますが、英語学習をしている人たちは、そういうことは**発音習得過程で必要**なのだと理解してください。

　皆で、通じる発音習得がしやすい環境を作っていきましょう。上手な発音を身に付けるには、一時どうしても大げさに発音する必要があります。私も中学時代に発音練習をしていたら、同じ勉強部屋だった姉が聞いていられなくて部屋を出て行ったことがありましたので、「変な発音」と思う気持ちはわからなくはありません。けれども、大げさに唇やあごを動かして発音練習するのは、日本人が通じる発音を身に付けるためにはどうしても必要なことなのです。

　それがいつまでも続くわけではありませんので、笑ったりからかったりしないように、皆さんのご理解をお願いしたいと思います。日本人にとっては通じる発音を身に付けるために、**大げさな発音練習は一時的にどうしても必要なことなのです**。アメリカ人に初めて英語を習得した赤ちゃんの時代があったことと同じだと思ってください。

【私が発音練習で使っている朗読の教材】
『The Great Gatsby（F. Scott Fitzgerald）
　　　　　　　　performed　by Tim Robbins』
『The Very Best of O.Henry
　　　　　　　read by Peter Berkrot』

第4章 言いたいことが英語で頭に浮かんでくる練習

20年探してようやく知った
「言いたいことが英語で頭に浮かんでくる練習」。
帰国子女の英語習得第一段階と
第二段階をすれば、
日本にいても言いたいことは
英語で浮かんでくる。

✳ 帰国子女の英語習得2つの段階

　日本人の英語が通じるようにするには、発音の問題と、「言いたいことが英語で頭に浮かんでくるようにすること」が必要だと申し上げました。第2章で発音についてご説明しましたので、この章では「言いたいことが英語で頭に浮かんでくるようにするにはどうしたらよいか」についてお話しします。

私の子供たちの英語習得の過程をまとめると、2つの段階があったことがわかります。

　第一段階は、わからない英語を日本語に訳して理解していく段階です。第1章で述べた最初の2年間がこれに当たります。

　最初に、まったくわからない英語をよくわかる日本語でしっかり理解したことが、彼らの英語力の基礎を作りました。わからない英語の語彙も文の構造も日本語に訳して理解したからしっかりと頭の中に入りました。よくわからない、あいまいなものは記憶できないのです。

　第二段階は、意味がわかるようになった英語を大量に処理していくうちに、日本語経由の過程がなくなっていく段階です。日本語を経由していた時間がなくなりますので、英語処理のスピードも上がります。英語を英語のまま理解するようになります。滞在3年目からがこの段階に当たります。

　この過程を図に表わすと下のようになります。

第二段階	英語で行われる授業が理解できる 　英語で英語を理解する 　英語で考える	英語のまま理解
	意味がわかるようになった英語を 大量にインプットする	日本語経由の 過程がなくなる
第一段階	わからない英語を日本語に訳して 正確に理解する	日本語による 英語理解

第 4 章 | 言いたいことが英語で頭に浮かんでくる練習

　彼らの英語習得を日本語との関わりにおいて見ると、下図のように行われたことになります。

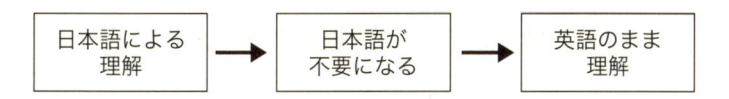

| 日本語による理解 | → | 日本語が不要になる | → | 英語のまま理解 |

　「未知の言語」を習得するのに重要な役割を果たした**日本語は、役目を果たし終えた時、英語理解の過程から自然に消えていきます**。これは理にかなったプロセスです。

　このように子供たちは第一段階、第二段階を経験して、英語を英語のまま理解するようになりました。その結果、英語の言語体系が頭の中にできて、言いたいことを英語ですらすら話せるようになりました。

　つまり、**意味がわかるようになった英語を大量にインプットしていくと、日本語経由のプロセスがなくなって英語の言語体系が頭の中にでき始める**ということです。そして、英語の言語体系が頭の中にでき始めると、言いたいことは英語で頭に浮かんできます。

　バイリンガルとまではいきませんが、私も意味のわかるようになった英語を大量にインプットした結果、言いたいことが英語で自然に頭の中に浮かぶようになったことは最初の本に書きました。ということは、日本で勉強する場合も第一段階、第二段階を行っていくことによって、自分の言いたいことが自然に英語で頭の中に浮かぶようにするこ

とができるということです。

✳ 試行錯誤を繰り返した私自身の道のり

　この「言いたいことが英語で頭に浮かんでくるようにするにはどうしたらよいか」については、私は20代のころから試行錯誤を繰り返してきました。ここで、20代からここに至る私の道のりをお話ししたいと思います。

　私が中学生だったころから「日本人は英語を読むことばかりやって、しゃべることをしないからちっとも英語がしゃべれないのだ」と盛んに言われるようになりました。私も英語がしゃべれるようになりたかったので、「そうだ、読むことよりしゃべる練習をしなくてはいけないのだ」と思いました。それで、中学1年生になった時に、親に頼んでテープの教材を買ってもらい、正しい発音でしゃべれるように練習しました。

　その時、「自分はこれで今までの日本人とは違う、しゃべれるようになる練習をしているのだから、きっと流暢にしゃべれるようになる」と、中学生ながら、ちょっと得意な気もしました。いつも文章で発音練習をしていましたので、確かに発音はよくなりました。

　また、私は、英語の教師になる勉強もしましたので、中学、高校、大学と英文の暗記もたくさんしました。けれど

第4章 言いたいことが英語で頭に浮かんでくる練習

も、社会に出てアメリカ人と一緒に働くようになった時、一応仕事で必要なことは言えるのですが、言うことが複雑になってくると、日本語で頭に浮かんだ通りすらすら言えないと感じました。

自分の言いたいことが、英語ですらすら頭に浮かんで言えるようになるためにはどうしたらよいのだろう、とあのころずいぶん考えました。考えるだけでなく、休日に大きな書店に出かけて行ってはその答えになりそうな英語学習の本を買ってきて、しばらくその通りに勉強してみる、ということを繰り返しました。けれども思うような成果は得られませんでした。

それでも、「言いたいことが英語ですらすら言えるにはどうしたらいいのだろうか？」ということをずっと考えていました。けれどもあのころは、「これはスピーキングの問題だ」と思っていましたので、私はスピーキングに関する本や雑誌の記事ばかり見ていました。

すらすら言える状態を経験する

それから間もなく結婚し、子育てで忙しくなってしまい、英語学習はいったん棚上げの形になりました。シカゴに滞在した時も、子供のプレイグループなどで、アメリカ人の友達と話す分には特に英語で苦労することはなかったので、

そのことを思い出すことはありませんでした。

　帰国して、下の子供が幼稚園に入ったころから少しずつ英語学習を再開すると、再びこの問題に突き当たりました。でも、どうしたらよいか、これだという方法がわからないまま、私は家の近くに住んでいたアメリカ人の先生とTIMEの記事を勉強したり、DVDで映画を見たりしながら、子育ての合間に英語を学習していました。

　そして、2度目にニュージャージーに赴いた翌年、眼科の定期検診で「来年は老眼鏡を作りましょう」と医師から言われました。その時、私は「自分はもう人生の後半に入ったのだ」と思い、これまでやりたくても時間がなくてできなかったことを今やろうと決心しました。それが4月でしたので、そのころから少しずつ英語の本を読み始めて、子供たちの宿題をみる必要がなくなった夏休みに、朝から晩まで本を読みました。

　読書というのは、本来は量やスピードとは関係なく本を楽しむためにするものです。けれども、この時は「夏休みが終わったら、また子供たちの宿題を手伝わなければならない。そうしたら本を読む時間は十分にはとれない」と思っていましたので、懸命に読みました。

　すると、8月の終わりには、日本語で何か思うと、それと同じ内容を表す英語の文章が頭の反対側で流れるようになりました。日本語で考えていて出てこない単語まで、勝手に口がしゃべっていたという経験もしました。この時の

第 4 章 言いたいことが英語で頭に浮かんでくる練習

様子は、1冊目の本の 71 ページに詳しく書きました。

　言いたいことが英語ですらすら言える方法を探していた私は、13 歳で英語学習を始めて 30 年以上たった 47 歳で、偶然そういう状態を経験しました。

　あんなに「英語をネイティブのようにしゃべりたい。だから、今までとは違う新しい方法で自分は学ぶのだ」と希望に燃えて発音を学び、たくさんの言い回しも覚えて使う努力をしてきた私が、最後に知った**「自分の言いたいことをすらすらしゃべるようにする方法」がたくさん本を読むこと**だった。これには人生のアイロニーのようなものを感じました。

　もちろん私は中学時代、文章で、ネイティブと同じ発音でしゃべれるように一生懸命練習しました。高校の時も大学の時も音読の練習をしてきました。それはそれで、正確な発音で流暢に話せるようになるために、重要な役割を果たしました。それなしにはいくら言いたいことが英語で頭に浮かんでも、正しい発音でしゃべれるわけではないので、とても大事なことだったと思います。

　けれども**「しゃべることは耳と口の練習だけでは完成しなかった」**ということが、発音練習やスピーキングの練習をいつも重点的にやってきた私に、最後のところで知らされることになったということが、非常に不思議な巡り合わせのような気がしました。

　自分の言いたいことを、正しい発音で流暢にしゃべりた

いと思っている人はたくさんいると思います。そういう人は、一生懸命に発音やスピーキングの練習をしていらっしゃると思います。あのころの私のように。けれども、発音や言い回しを覚えること「だけ」では、言いたいことが自然に頭に浮かんでくるようにはならない、ということを知っていただきたいと思います。

✲ 大量に読むことで英語の言語体系ができ始める

　さて、その後、夏休みが終わって、新学期が始まると、私はまた娘の宿題を手伝わなければならなくなり、1日何時間も本が読めなくなりました。そこで、自分で読む時間がないなら家事をやっている間に聞けるようにと、テープやCDに本の朗読が録音してあるものを図書館から借りて、毎日何時間も聞きました。

　けれども結果は、自分で本を読んだときに経験したような、目覚ましい変化はありませんでした。この理由を私は最初の本の74ページに次のように書きました。

> 　本を読むとき、単語はただ並んでいるだけです。それを読んで、主語はこれ、動詞はこれ、この関係代名詞はこの言葉を修飾するなどと決めて行くのは自分です。これは結構大変な作業です。日本語では当たり前にやっていますが、英語の

第 4 章 言いたいことが英語で頭に浮かんでくる練習

> 本を読んで、これが苦もなくできるには、相当の読書をこなさないとできません。ところが CD で朗読を聞く場合は、読む人が全部その作業をやってくれていますので、自分で意味を取る努力はしなくてもよいわけです。読むのを聞いていれば、わかっている人が読んでいるのですから、イントネーションやリズムでそのまますんなり意味が入ってきます。大変な作業のところは、読む人がやってくれています。

つまり、本を読む時には、**ただ並んでいるだけの英単語を、意味のある英文に構築していく作業を頭の中でしている**わけです。本を読みながら、意味を成し、言語としての機能を果たせる英文を頭の中に構築する練習をしているわけです。その練習を続けていくと、その力は、やがて、その人の言いたいことも、意味を成す英文として構築するように働き始めるのだろうと私は考えています。

皆さんにはそういう意識はないかもしれませんが、本を読むということは、意味のある英文を頭の中に構築する練習を、読書の間中やっていることと同じです。それも読むそばから構築するわけですから、1時間読書をしたら、超高速英作文を1時間やっていたこととほぼ同じです。けれども英作文と決定的に違うのは、この場合、日本語から英文を構築しているわけではなく、本の中に書いてある英単語から英文を構築している点です。つまり、頭の中では意味のある英文を構築するプロセスが全部英語で行われてい

るということです。

その結果、読書を続けると、言いたいことが英語で頭に浮かんでくるようになるのだろうと私は思っています。

私はその夏休みに、自分の頭の中に日本語とは別の英語の言語体系ができ始めているような気がしました。私が長い間目指していた状態は、しゃべる練習だけではできませんでした。偶然にも、読むことを大量に行ってできるようになりました。つまり、**英語を大量に読むことによって、英語の言語体系が頭の中にでき始めた**わけです。

私は発音練習について「戦後六十余年、日本人が聞き取ることのできなかった日本語化した子音の違いを聞き取り、通じる発音で話しましょう」といつも言っています。同じように、「戦後六十余年、日本人が気付かなかった、スピーキングとリーディングの関係に気付いて、言いたいことがすらすら英語で浮かんでくるようになるために、英語の本を読みましょう」と言いたいと思います。

戦後六十余年、日本人が通じる発音で流暢に英語を話そうと行ってきた勉強の仕方が本当にこれでよかったのか、今一度考え直す時期に来ているのではないかと思います。日本語に訳して理解することが英語の上達を妨げる元凶だと決めつけたり、しゃべるために読む練習は関係ないというような考え方は、改めたほうが良いと思います。

第4章 言いたいことが英語で頭に浮かんでくる練習

＊しゃべる、聞くでは不十分

　言語体系がしゃべることだけではできないということは、ある意味当たり前のことかもしれません。皆さんの中には、そんなことは言われなくてもわかるという方がたくさんいらっしゃると思います。日本語でも「読む」「書く」ができなければ、十分な日本語力があるとは認められません。私は、これを子供たちが帰国後日本語を習得していく過程を見ながら目の当たりにしました。

　2度目の赴任から帰国した時、娘は中学3年生でしたので、高校受験がありました。12月に最後に志望校を1つ追加した時、その学校の受験科目の中に作文がありました。

　ところが、娘に、問題集の中にあった題で「作文を書いてごらん」と言うと、「書けない」と言いました。塾の先生が、「作文の練習には日記をつけるのがいい」と言われたので、「日記を書いてごらん」と言うと、娘はまた「書けない」と言いました。

　私は困って、印象が強かった出来事なら書けるかも知れないと思って「帰国してすぐに、ちょっといじめられたことがあったでしょう？　そのことは書ける？」と聞いたら、「あの時のことは英語じゃなきゃ言えない」と言いました。結局、娘は何も書けませんでした。

　これから半年、1年と時間があれば本を読むなどの指導

もできるでしょうが、半月後には入試が始まりますからとてもそういうことはしていられませんでした。

　困った私は、とりあえずどういう文章を書くのか娘にわかるように、全国作文コンクールの優秀作品が集められた本を買って「ちょっと読んでみたら」と言って渡しました。

　翌日その中の1つを「音読してごらん」と言うと、娘が1つを選んで読み始めました。その音読を聞いて私は驚きました。5文字くらい読むごとに娘はつっかえました。ちっともすらすら日本語が読めません。これではいくら読んでも、読む練習にはならないと思いました。これだけ頻繁につっかえると、読んでいる本人も、意味もよくわからないのではないかと思いました。

　一方、息子も、小学校1年生で帰国した時、冬休み前の個人面談で、担任の先生が「太郎君はしゃべっている時には日本語におかしいところはないのですが、教科書を読ませるとどこで切っていいのかわからないのか、つっかえつっかえ読むので、あれ？　と思いました」とおっしゃったことがありました。

　それで、私は、夕方息子が遊びから帰ってくると、夕食の支度をしている私の横に立たせて、国語の教科書を音読させた時期がありました。その時の息子の読み方に、この時の娘の読み方はそっくりでした。

　小学校1年生がつっかえつっかえ読んでも、そんなものかなあと思いますが、さすがに中学3年生の子供がつっか

第4章 言いたいことが英語で頭に浮かんでくる練習

えつっかえ読むのは「どうしたことか」と思うほど、びっくりしました。しゃべっている分には娘の日本語におかしいところはありませんでしたから、本当に驚きました。

先に私は「ただ並んでいるだけの英単語を意味のある英文に構築する能力」ということについて述べましたが、私の子供たちは、まさに**ただ並んでいるだけの日本語を瞬時に意味のある日本語に構築して読む**ということが、2人とも帰国直後はできなかったわけです。これは日本語の力が不十分な証拠です。その結果、息子は小学校4年生までほとんど本を読まない子でしたし、娘は作文が書けませんでした。

子供たちは、しゃべることに問題はなかったのに、読むことはたどたどしく、書くことについてはできなかったわけです。読めない、書けないという状態は、その言語を十分に習得できているとは言えない状態です。

ですから、**言語体系ができるためには、しゃべる言葉、聞く言葉だけでは不十分**なのだと思います。読むこと、書くことができて初めて頭の中にその言語の体系が出来上がっていくのだろうと思います。

また、**語彙**についても、書く言葉、読む言葉のほうがしゃべる言葉よりずっと難しく、多いのです。**使う文の形**についても、書く言葉、読む言葉のほうが、複雑になります。しゃべる言葉は、簡単な語彙で同じような表現の仕方で済みます。

この状態を氷山に例えると、氷山は海面上に見える部分は海面下に沈んでいる部分の約7分の1に過ぎないと広辞苑には書いてあります。海の下には、見えている氷山の7倍くらいの氷があるということです。言葉もそうだと思います。日常会話だけですと、氷山の海面上に見えている部分のようなもので、その人の持っている語彙のごく一部です。
　しかし、読む、書く、ということになると、この海面下の膨大な語彙が物を言ってくるわけです。

✳ 一貫した思考を筋道を立てて展開する

　もう1つは、読むこと、書くことができると、**一貫した思考を筋道を立てて展開する**ことができるようになります。
　かつて私が外資系企業で働いていたころ、ある日、上司のベーカーさんが、小型のテープレコーダーを持ってきて「これに録音した文章をプリントアウトしておいて」と私に言いました。私は速記の学校に通っていたころ、口述した人の英語に文法的な間違いがあった場合は、トランスクライブ（音声を文字にする）時に秘書が直さなければならないと教わりました。
　実際には、仕事についてから上司の英語に文法的な間違いがあったことはほとんどありませんので、直したことは

第4章 言いたいことが英語で頭に浮かんでくる練習

一度しかありません。けれども、その時ベーカーさんの口述をトランスクライブしながら、私は困ってしまいました。

その録音は、これから始める新しいプロジェクトについての最初のプレゼンテーションの原案で、彼自身が、どういう方向で説明するかをまだ模索している段階の文章でした。ですから、彼の頭の中でいろいろな説明がまだ整理されていない段階でしゃべっている文章でした。

「But」と言われるので、次は逆説の文章が来るのかと思って待っていたら、間をおいて言われた文は逆接ではなかったり、「最も重要な点は」と言いながら、それが最も重要な点ではなくて、最後のほうに最も重要なことが出てきたり、いろいろ内容的に不都合なことがありました。

最初は文章を聞きながらButを取り除いたりしていたのですが、それを直し始めたら、文章全体を書き直さなければならないような大ごとになってしまうと気付いて、私はあきらめました。とにかくテープに吹き込まれた通り、文章にしました。

そして、ベーカーさんに指示された通り、プリントアウトした文章とテープをスタッフの1人、スタンガーさんに渡しました。その件を担当して、内容もよくわかっているスタンガーさんなら直してくれるだろうと思ったのです。

翌日それについて、私とスタンガーさんとベーカーさんで話している時、スタンガーさんが、「ノリコは、テープの通りトランスクライブしているのだけれど、もともとの文

章が…」と遠慮がちに言いました。その時私は、あれは仕事の内容をよくわかっているアメリカ人でも直せない文章だったのだなあと思いました。

　ベーカーさんは、スタッフのことはよくわかっていましたので、もうその先を聞かなくてもスタンガーさんが言いたいことはわかったようで、またいつものように大きな体をゆすって愉快そうに笑って「おお、そうか」と言って、原稿を持って部屋に戻られました。

　この時思ったのは、**話し言葉というのはその場限りの言葉**なのだということです。

　もしこの時、ベーカーさんが自分で原稿を書きながらプレゼンテーションの内容を検討していたら、恐らく言いたいことを論理的に順序立てて説明することができたでしょう。そして、その時彼の頭の中で行われる思考活動は、テープに吹き込んだ時より、ずっと深く行われたことと思います。

　書く時に行われる思考活動は、しゃべる時に比べてずっと深くなると思います。

　本を書いたり先生に提出するレポートを書く場合は、しゃべる言葉と違い、よく考えて書きます。書く時、読む時に、文章の整合性は非常に大事です。1章と2章で相反することを述べたら、書いた人は信頼を失います。そういう意味では、その言語で、長い話になっても、筋道に沿って一貫した思考が展開できないと、読んだり書いたりはできない

ということになります。

　ですから、その言語で一貫した思考ができる、つまり**読んだり書いたりできないと、その言語体系を頭に完成させることはできない**、ということです。頭の中に何もなくて書くということはできませんので、英語学習の場合は、まず読むことによって語彙や文章を頭の中にたくさん蓄積していくことになります。出版社の人が、その人の書く文章を読むと、どのくらい本を読んでいるかわかる、と言われたのも、読むことと書くことの関係をよく表しています。

必要なのは旅行英語以上の英語

　私たちは小学校に入学した時から、学校で文章を読みます。私が息子に教科書を読ませた時は、「りすの三太とくるみの木」のお話でした。国語の授業だけではありません。理科、社会、数学でも、教科書を読んで勉強します。中学、高校、大学と進んでも、いつも教育の場では「読むこと」は、取り立てて意識しなくてもずっと行われていることです。

　試験の前に、歴史の教科書を何回も読んだ記憶のある人は多いと思います。学校に行って、教科書を広げない日はありません。そうやって、私たちはただ並んでいるだけの日本語を瞬時に意味のある日本語にして、読んで理解する

ことが当たり前にできるようになっています。各教科の教科書を読むことにより、たくさんの語彙も習得しています。一貫した主張を維持しながらレポートを書くこともできます。日本の文化はそういう人たちによって作られた文化です。

　アメリカでも同じですね。子供たちは小学校から文章を読んで学びます。ただ並んで書いてある英単語を瞬時に意味のある英文にして、読んで理解できるようになり、幅広い語彙を習得し、英語で一貫した主張を持って書くこともします。アメリカの文化はそういう人たちによって作られています。

　それではここで、ちょっと空想の社会を思い描いてください。

　もし仮に、文部科学省から新しい学習指導要領が出て、「来年度から教育の現場で、書いたものを読むことは一切禁止する。小学校、中学校、高校、大学の授業は、すべて教師がしゃべることだけで行う」と決まったとします。書いた文字を後で読むことになるので、ノートも取らないと決まったとします。教育の現場で読む、書くがまったく行われなくなったと仮定します。こうして10年、20年、30年経つと、社会にも変化が現れます。

　文章を読むことなく成人した人たちが社会を構成します。そうすると、ただ並んでいるだけの日本語を瞬時に意味のある文章にして読む能力を持った人はいなくなります。氷

第4章 言いたいことが英語で頭に浮かんでくる練習

山の海面下にあるようなたくさんの語彙を持った人たちもいなくなります。言葉はしゃべる言葉だけですから、その場限りのことを表現するようになり、一貫した思考を筋道を立てて展開する力を持つ人は、ほとんどいなくなります。文字のない社会で、人々はしゃべる言葉だけで生活します。日本は、言語の面から見ると非常に初歩的で原始的な社会になります。

こういう人たちが構成する日本の社会で話される言葉は、今の日本の社会で話される言葉とは違ってきます。その結果、そこにいる人々の言語体系、思考体系も違ってきます。こうして、文字のない社会で使われる文章や言葉は、文字を読んだり書いたりする社会で使われる文章や言葉とは違ってきます。人々の頭の中にある言語の使い方、思考の仕方も違ってきます。

英語を学ぶ時、しゃべることだけ練習して、**読む訓練をしないと、文字を使わない社会で使われている言語のレベルくらいの実力しか付けられない**、ということです。語彙の数も非常に少ないですし、ただ並んでいるだけの英単語を意味のある文に瞬時に構築して読む力もありません。一貫した思考をある期間保って展開する力もありません。非常に初歩的なレベルの英語にとどまります。

現在の日本に必要な英語力というのは、日常会話や旅行英語のような初歩的なレベルではなく、小学校から文字を読んで学んで大人になった人々が、仕事や学業で使うレベ

ルの英語力です。それは、しゃべる言葉だけを学んでいては身に付けられないレベルの英語力です。

仕事や学業で英語を使う時、文字を持たずに、しゃべる言葉だけでコミュニケートするレベルの英語力ではやっていけません。自分は英語を喋れればいいと思っていても、その相手は小さい時から英語を読んできた、氷山の海面下にあるような語彙を持ち、書かれている単語を瞬時に意味のある英文に構築する能力があり、ある程度の時間の経過の中でも一貫した思考を展開できる人たちです。

文字を持たずに、しゃべる言葉だけでコミュニケートするレベルの英語しか勉強しないで、こういう人たちとやっていく高度な英語力を身に付けようとするのは、無理があります。

読むことは大変です。まず、語彙が足りなくなります。ただ並んでいるだけの英単語をどういう文になるか組み立てる力が要ります。前の章で言われたことを頭の中に保持していなければなりません。前の章に出てきた登場人物の名前が出てきても、どういう人だったか覚えていなければなりません。

これは大変ですが、文字を使う国で話される言語を使っている人は、皆それをやっています。英語でこれができるようにならないと、相手と同じ言語レベルで話せません。どんなに流暢にしゃべっていても、**本を読んでいない人の英語は、初歩的な、原始的なレベルにとどまります**。流暢

第4章 言いたいことが英語で頭に浮かんでくる練習

に英語をしゃべっていても、私の娘のように中学生が読む本を渡されて、つっかえつっかえ読んでいるのは、言葉を使う能力としては原始的なレベルです。

そういう意味では、ほとんどの日本人の英語は、初歩的な、原始的なレベルではないでしょうか。アメリカの小学生や中学生が読む本をすらすら読める日本人は、ほとんどいません。読むことは大変なので、多くの人は、何とか読まないで高度な英語力を持とうとします。

けれども、小学生の読む本もつっかえ、つっかえしか読めないのに、しゃべる英語だけは大学卒業レベルの英語で流暢に話したいというのは、無理な話です。「かぐやひめ」や「桃太郎」のお話もすらすら読めないのに、大人の話す日本語を流暢にしゃべりたいというのは無理です。「話す力」「読む力」、文字を持つ社会ではどちらも身に付ける必要があります。文字を読んだり書いたりする人の頭の中で行われている思考活動と、しゃべる言葉しか持たない社会に生きる人の頭の中で行われている思考活動は、大きく違います。

文字を使う社会で生活する人のレベルで英語が使いたかったら、スピーキングだけでなくリーディングも練習していかなければならない、ということです。

第5章

英文読書能力養成プログラム

母国語感覚で英語を読む
「疑似帰国子女体験」オリジナルセブン。
宿題で読まされた
サイドリーダーとは違う英語の世界。
読書は長年のリスニングの壁も越えさせる。

＊ 大量のインプットは読書で行う

　自分の言いたいことが英語で頭に浮かぶようにするためには、子供たちの英語習得過程にあった第一段階と第二段階をやっていけば、日本にいてもそれができるようになると述べました。
　高校を卒業していれば英文を理解するのに必要な文法はすでに学んでいますし、語彙もある程度習得しています。

第 5 章　英文読書能力
　　　　　養成プログラム

と言うことは、皆さんはすでに第一段階は終了しているわけですから、次は意味がわかるようになった英語を大量にインプットする第二段階の練習を行っていけばよいわけです。

　それではその大量のインプットをどうやって行っていくか、そのやり方を見ていきましょう。

　前章でリスニングだけでは頭の中に言いたいことが英語で浮かんでくるようにはならなかった、という私の体験を述べました。ですから、大量のインプットは読むことによって行っていきます。

　こう言うと、皆さんは学校時代に読まされたサイドリーダーの経験から「あんなにつまらない教材でとても大量のインプットなどできない」と思われるでしょう。けれども、もし私が、皆さんがつまらないと思ったサイドリーダーと同じものをここで勧めるのでしたら、私がこの本を書いた意味はありません。

✳ アメリカの図書館をまわって知った
　　母国語のような読書

　私は、帰国子女となる自分の子供たちの英語習得過程でどういう教材を使ってどうやって英語を身に付けるのかを観察し、それを日本の英語学習者の役に立てたいと思って

この本を書きました。

彼らは学校でたくさんの本を読まされていました。どういう本を読んで、何を勉強しているのだろうと思い、私は娘が5年生の時にリーディングの授業で読まされた本は全部一緒に読みました。宿題のプリントから、プロットやキャラクターなど、何を勉強しているのかもわかりました。

高校のほうは息子のライティングを教えてくれた高校のEnglish（国語）の先生に高校生が課題図書として読む本をリストしてもらい、それを読みました。『Nineteen Eighty-Four』（George Orwell 著）や『One Flew Over the Cuckoo's Nest』（Ken Kesey 著）などがその中にありました。

彼らが読んだ本で、日本の学習者にも英語学習の効果を促進する効果を与えられるものはないか、いつもそれを考えていました。学校の課題図書は、読みにくいものも多いですから、図書館に行って、それ以外に学校の生徒が楽しみに読む本にはどういうものがあるのかを調べていきました。

私の町にある図書館は、良い本が揃っていましたが、規模が小さかったので、もっといろいろな種類の本が読みたい時は隣町の図書館に行きました。そこには、小学校高学年から中学生が読むような科学や歴史の良い本が、たくさんありました。

そのまた隣町の図書館はちょっと遠かったのですが、非

第 5 章　英文読書能力養成プログラム

常に大きくて地域の中心的な役割を果たしていました。雑誌類なども充実していました。大きな図書館のリサイクルブックには様々な分野の本がありましたので、よく買って帰りました。オペラの本を買ってとてもよかったので、1冊目に書いた声楽の萩原理恵先生にお見せしたら、「私もこの本を持っているわ」とおっしゃったので、オペラ歌手の方が読むような本もリサイクルブックの中にあるのだと驚いたこともありました。

　図書館にある小学校高学年から中学生用の本は、日本の英語学習者にはとても良い教材になると思ったのですが、残念ながら日本では入手できない本が多いので、私は帰国が決まったときに、そういう本をなるべく多く買って帰ることにしました。帰国後、自分が教える生徒さんにはこういう本を読んでほしいと思ったからです。そうやって、帰国間際に本を買い集めたので、日本に持って帰った本は200冊を超えました。けれども、持って帰ってきてよかったと思いました。

　生徒さんに最初のレッスンの時からアメリカから持ち帰った本をお渡しして読んでもらうと、英語を教えている先生でさえ「英語の本にこんなに面白い本があると、初めて知りました」とおっしゃいました。私は、アメリカに行って、日本の英語学習者の役に立つ情報を持って帰って、日本の英語学習者に伝えたい、役立てたい、と思っていましたので、生徒さんが夢中になって本を読んでくれたのがと

てもうれしいと思いました。

※ 良い本を読むと、ことばが体に深く入る

　良い本に出会うと、同じ「本を読む」でも、人はまったく異なる体験をします。**言葉がその人の体の中に入っていく深さが変わる**のです。いやいや読んだサイドリーダーとはまったく違う作用をその人に及ぼします。以下は日本語での体験ですが、良い本に出会うとどれほど言葉が体に深く入るのか、皆さんにお話ししたいと思います。

　私の息子は1歳半から小学校1年生までアメリカにいましたので、帰国後、少し日本語に不十分なところがありました。担任の先生が気付いて教えてくださった時に補う努力をしてきましたが、まだ不十分だったようで、4年生になってもほとんど本を読まない子でした。

　親の都合でアメリカに連れて行ったためにそうなってしまったのですから、私は何とかしようと試みました。半年くらい毎晩読み聞かせをし、その後、息子に自分で本を読ませてみました。学校から帰って来て20分間、本を読んでから遊びに行くようにさせましたが、息子は全然集中して読みませんでした。水を飲みに部屋から出てきたりトイレに行ったり、2、3分もじっとしていられないのかと思うほどでした。

第 5 章 英文読書能力養成プログラム

　ところがある日、ミヒャエル・エンデの『モモ』を渡すと、その日から、20分間は水を飲みにもトイレにも出てきませんでした。その状態が続いて数日後、『モモ』を読み終えて部屋を出てきた息子は、今までの様子からは考えられないことを言いました。「これはいい本だね。最後にカシオペイア（不思議な亀）の背中に"終わり"って出てきた時、僕涙が出そうだった」と言ったのです。

　読む本によって、こんなにも心の中に入る深さが違うのかと私は驚きました。それまでは、20分たって読書の時間が終わると「オワッター！」と言って遊びに飛び出して行った息子とは、まるで別人のような言葉でした。

　その人にとって良い作品に出会った時、本は、まるで周りの壁が溶けてなくなったかのように、その人の心に入っていくものだと思いました。良い作品というのが、それぞれの子によって違うのが難しいところではありますが。

　この周りの壁が溶けてなくなったかのように言葉が心の中に入っていく状態を英語で経験することは、特に重要だと私は思います。

　私は、子供たちの英語習得の過程を観察して、子供たちと私の一番の違いは、**英語が体に入る深さ**だと思いました。これは、**子供たちが母国語として英語を学んでいた**ことからくる違いでした。

　私たちは学校へ行って、国語の時間以外は日本語を学んでいるという意識はありませんが、例えば、地理の時間に

「緯度」「経度」という言葉を習えば、その日本語が持つ概念を学んでいることと同じです。そういう意味で、子供たちは学校で母国語として英語を学んでいました。

　私は日本で外国語として英語を学びました。日本では英語で言われたことがわかればテストは全部できます。しかし、英語を読んで、思考や感情が活動を始めたり、自分の中にある過去の体験がよみがえって精神的な影響を与えるようなことはありませんでした。

　けれども、英語を母国語として学校で学んでいる子供たちは、英語を読んで、思考や感情や過去の体験など、自分の体の奥深くで行われる精神活動が、英語とともに動いているようでした。「英語が体に深く入る」というのは、子供たちを見て初めて知ったことでした。

＊英文読書能力養成プログラム
　"オリジナルセブン"で疑似帰国子女体験

　私はこの「英語が体に深く入る」体験を、日本の英語学習者にも体験してほしいと思いました。このことを体験した時、英語は、ただ読んで意味がわかればいい言語から、大げさな言い方をすれば、**自分の血となり肉となる言葉**に変わります。

　私は、どんなに長く日本で英語を学んでいても、こうい

第 5 章 英文読書能力養成プログラム

う経験はしたことがありませんでした。ですから、私は是非自分の生徒さんにもそれを体験してほしいと思いました。そうすると、母国語として英語を学ぶ帰国子女と似通った体験ができるのです。**疑似帰国子女体験**とでも言ったらいいのでしょうか、それができるのです。これを体験すると、英語は自分にとって、今までとは全然違うものに変わってきます。

それをしてもらうためには、良い作品を選ぶことが大事だと私は考えています。そして、良い作品を、やさしいものから難しいものへと配列することにより、読みながら無理なく英文読書の能力を上げていけるのではないかと考えました。そうやって、いわゆる名作と言われる英文学の作品を読める力を付ければ、あとは自分で、好きな本を読んでいけます。

その考え方に基づいて、私は**英文読書能力養成プログラム、[オリジナルセブン]**を組み立てました。組む時に参考にしたのはアメリカのミドルスクールのESLの先生の意見、高校のEnglish (国語) を担当している先生の意見、子供たちのリーディングの授業、私が知ったアメリカ人の子供がたくさん読んでいる本などです。これから、そのプログラムを説明していきましょう。次ページをご覧ください。

英文読書能力養成プログラム
[オリジナルセブン]

1. 『Magic Tree House #6 Afternoon on the Amazon』 Mary Pope Osborne 著

2. 『The Lion, the Witch and the Wardrobe (The Chronicles of Narnia)』 C. S. Lewis 著

3. 『Hatchet』 Gary Paulsen 著

4. 『The House on the Cliff』 Franklin W. Dixon 著

5. 『Walk Two Moons』 Sharon Creech 著

6. 『The Giver』 Lois Lowry 著

7. 『Of Mice and Men』 John Steinbeck 著

| 第 5 章 | 英文読書能力養成プログラム |

1. 『Magic Tree House # 6 Afternoon on the Amazon』 Mary Pope Osborne 著

　スタートは Magic Tree House のシリーズから『Afternoon on the Amazon』です。娘は、アメリカに来て1年たっても、まだ授業の英語は理解できませんでした。けれども、ESL の先生が、この本だったら読めると判断されて、夏休みに入る前に娘にくださいました。

　英語もやさしく、内容も面白い本です。美術大学を卒業された方から「英語の本を読みたいのですが何がいいですか？」と聞かれたので、この本を紹介しました。すると後でお会いした時「私は英語の本を読んで初めて面白いと思いました」と言われました。高校を卒業した人なら無理なく読めますので、この本からスタートします。

　もし、この後すぐに2番目の本に入るのが不安でしたら、このシリーズを他に2、3冊読んでください。買う時に4冊が1パックになったものを買ってもいいですし、1冊ずつ買う場合は以下の本もお勧めです。

第13巻　Vacation Under the Volcano
第16巻　Hour of the Olympics
第17巻　Tonight on the Titanic
第21巻　Civil War on Sunday

2. 『The Lion, the Witch and the Wardrobe (The Chronicles of Narnia)』
C. S. Lewis 著

　2番目は「ナルニア国物語」シリーズの『ライオンと魔女』のお話です。日本語で読んだことのある方もたくさんいらっしゃると思います。大きなお屋敷の洋服ダンスの中に入って行ったらナルニア国に通じていたというお話です。私は、娘が幼稚園の時から5年生まで、毎晩読み聞かせをしていましたが、このお話もその中にありました。面白いお話でした。

　私は2冊目の本で「日本語で読んで面白くない本を英語で読むのは無理です」と書きました。そういう意味では、この本は日本語で読んでも英語で読んでも面白い本です。

　ページ数の多さにびっくりされるかもしれませんが、1ページ目を開けてみてください。皆さんが教科書で読んできた文章と非常によく似ている文体が使われています。こういう本は日本人には読みやすいのです。

　それでも、どうしても難しいという方は、この本を読む前に、下にリストしたE. B. Whiteの作品から好きなものを1つお読みになってください。こちらは、『ライオンと魔女』より文がやさしめです。

E. B. White 著の3冊

『Charlotte's Web』
『Stuart Little』
『The Trumpet of the Swan』

3. 『Hatchet』 Gary Paulsen 著

3番目は娘がリーディングのクラスで読んだ本です。リーディングのクラスで読む本は、テーマが重かったり、内容が硬くて読みにくい本もありますが、これは読みやすい英語で書かれています。パイロット1人、13歳の男の子1人が乗った飛行機が飛行中に、パイロットが心臓発作を起こします。

4. 『The House on the Cliff』 Franklin W. Dixon 著

4番目は、Hardy Boys のシリーズの第2巻です。本当は第1巻から読んだほうがお話としてはわかりやすいとも思ったのですが、最初のページの英語が第2巻のほうが読みやすかったので、こちらを選びました。

話は、お父さんの探偵が事件を追っていて、2人の息子がその手伝いをするような内容になっています。

もし女の子の探偵シリーズが良いというのであれば、こ

の本の代わりに『The Bungalow Mystery (Carolyn Keene 著)』に変えても結構です。こちらは、Nancy Drew のミステリーシリーズの第3巻です。私は、シリーズの中で登場する息子の友人たちが面白かったので、Hardy Boys を選びましたが、Hardy Boys と Nancy Drew のシリーズはどちらでも結構です。

　私はアメリカにいた時、いつもトークラジオを聞いていました。ある時「あなたは Hardy Boys 派ですか？　それとも Nancy Drew 派ですか？　お電話をください」という番組があって、電話をしてきたリスナーがそれぞれの本の思い出を話すのを聞きました。たくさんの人がこの本を読んでいるのだなと思いました。日本で言えば、少年探偵団のお話のようですね。

　また、あるテレビドラマで、探偵みたいなことをしなければならなくなった男性が「僕たちはハーディボーイズか？」と言っていたのを見て、皆子供のころに読んでいるのだなあと思いました。

　私が初めてこの本を見たのは、隣町の図書館にあったリサイクルブックのかごの中でした。新品のような本なのに、リサイクルのかごに入っているので、手に取ってみると表紙の絵が面白そうでした。

　家に帰って読んでみるととても面白かったので、翌週、自分の町の図書館に借りに行きました。「このシリーズが読みたいのですが」と言うと、年配の司書の方が「ああ、

第 5 章　英文読書能力養成プログラム

『The Hardy Boys』ね。私もついこの間、懐かしくて息子の部屋にあった Hardy Boys を読んだところよ」と言って、本棚に連れて行ってくれました。それくらい皆に親しまれている本なのですね。

5.　『Walk Two Moons』　Sharon Creech 著

　5番目は、これまでと違って、最後まで読まないと本当のことがわからないので、ちょっと読みにくいかもしれません。けれども、こういう形式のお話もありますので、1つは読んでおいてください。読み終わって、きっと最後まで読んで良かったと思っていただけると思います。

6.　『The Giver』　Lois Lowry 著

　6番目の本は、私の友人の子供たちがリーディングのクラスで読んだ本です。とても良い本だと言って紹介してくれました。英語のレベルとしては5番目の本と変わりませんが、内容が難しいと思います。読みながら、いろいろなことを考えさせられます。
　娘の家庭教師の先生は、ミドルスクールの時に『The Giver』を授業で読んだそうです。その時「この話の続き

を書きなさい」という課題が出たそうです。先生の創作した続きの話をお聞きしましたが、非常に前向きな話で驚いたのを覚えています。『The Giver』の最後はそんなに明るい終わり方ではありませんので、それをこういう話に続かせるというのは、ポジティブな先生だと感心しました。

7.『Of Mice and Men』　　John Steinbeck 著

　7番目は、アメリカ文学の有名な作家、スタインベックの作品『二十鼠と人間』です。息子のハイスクールから紹介してもらったライティングの先生は、大学院で英文学を専攻されて、ニューヨーク州の高校で English（国語）の授業を教えていらっしゃいました。先生方は自分の学区の生徒を教えることは禁止されていましたが、他の学区の生徒の家庭教師をすることは認められていたのです。

　息子の書く文章は、この先生に習ってからとても上達しました。本当に教える内容の質が高く、良い先生でした。

　この先生には、娘も帰国してからメールでエッセイの指導を受けました。先生が指定する本から先生が指示する内容を読み取るように読書指導を受け、最後に形式にのっとってエッセイを書いてアメリカに送り、添削してもらっていました。娘が英語力を重視する高校に合格できたのは、この先生の指導によるところが大きいと思います。読み取

第5章 英文読書能力養成プログラム

った内容とエッセイの完成度が他の受験生と全然違ったようで、面接の時に試験官の先生から、エッセイを書くときの本の選び方についてまで質問を受けた、と言っていました。私も1年間でしたが、この先生にライティングの指導をしてもらいました。

ある時、私はこの先生に「英語を勉強した生徒が上達して本が読めるようになった時、どの本を最初にすすめたらよいでしょうか」と質問したことがありました。すると、先生は「『Of Mice and Men』がいいと思います」とお答えになりました。

思えば、息子が最初にエッセイを書いていたのも、『Of Mice and Men』でした。それで、先生の言葉に従って、私はこの読書プログラムを『Of Mice and Men』が最終的に読めるようになるように組み立てました。

『Of Mice and Men』は、作品として優れているのはもちろんですが、短編で、比較的英語が読みやすいことが、ESLスチューデントの最初の文学作品として選ばれる理由だと思いました。この作品が読めるようになれば、それほど難しくないものであれば、いわゆる名作と言われる文学作品も読めるようになります。

このプログラムは、皆さんの英語力が高く高く、空よりも高く上がることを願って、**オリジナルセブン**と名付けました。是非ご活用ください。かつて、**学校でサイドリーダーを読まされた時とは違う英語の世界を知る**ことになりま

す。

　ネイティブの生徒たちの読書指導をする先生方が選ばれた本をベースにして選んでいますので、バイリンガルとまではいかなくても、**母国語として英語を学ぶ**というのはこういうことなのだな、と感じていただけると思います。

　［オリジナルセブン］は読みやすさも考慮して選びましたので、どなたでもできると思いますが、もし、どうしても英語の本は長くて読めないという方は、この本から始めてください。

『Aesop's Fables（イソップ物語）』です。

　1つひとつのお話が大変短く、半ページで終わるお話もたくさん載っています。これでしたら読めると思います。単語に少し難しいものが出てきますが、辞書を引いて読んでも、短いので話を最後まで読むことができると思います。短くても中身は深いのです。

　アメリカでシュタイナー教育を行っている学校に子供を入学させた私の友人から聞きましたが、その学校の先生は「イソップ物語は何度でも読み聞かせてください。9歳までに何も解説せず、ただ繰り返し読み聞かせなさい。イソップの話の中に『神、自然』への畏敬心の大切さ、因果応報、自然の摂理がすべて盛り込まれているので、それを子供が感じ取ればそれでよいのです」とおっしゃったそうです。

第 5 章 　英文読書能力養成プログラム

　イソップ物語はいろいろな英文に訳されていますので、自分の読みやすい文体のものを選んでください。日本人には読みにくい文体のものもあります。買う前に、1ページ目の英語を見てください。私が持っているのは下の本です。アマゾンで350円くらいでした。

『Aesop's Fables』
Translated by V. S. Vernon Jones ／ Illustrated by Arthur Rackham ／ Introduction by G. K. Chesterton

　オリジナルセブンを読む時は、中古の本を買って始めて結構です。本を読む練習ですので、それで十分です。友人同士で交換して読んでもいいですね。英語学習は、お金をかけなくても十分実力をつけることができます。

リスニングの壁も越えさせるリーディング

　本を読むことはリスニングとは関係ないように見えますが、聞き取りにも大変効果があります。私は英語のニュースは聞き取れましたが、そのころ、アメリカ人同士がスーパーマーケットなどで早口でしゃべっている英語は聞き取れませんでした。けれども、大量の読書をした後から、そういう英語も、横を通ったときに理解できるようになりま

した。

読むことは、聞くことの原稿のようなものです。原稿をたくさんインプットしてあれば、聞くこともよくできます。また、初期のころはリスニングをしていると、1つわからない単語が出てくると、その後から聞き取れなくなってしまうということがありますが、本を読めるようになると、**わからない単語を保持しておいて、その先を聞き取っていく**ことができるようになります。それまでリスニングの時には使えなかった能力が、リーディングをすることによって使えるようになるからです。言葉の学習はリスニングとかリーディングとか、1つの分野の能力を強化することが、違う分野の能力を向上させることにつながるので、面白いと思います。**リスニングはリスニングの練習だけやっていても、壁を越えられません。**

始める時は、一切読む速さを気にする必要はありません。これは意味のある英文を頭の中に構築する能力を付けるための読書です。速読の技法のように、重要な単語だけ目で拾うような読み方をされるとまったく練習になりませんので、文章はきちんと読んでください。

私が大量の読書を行った時は、「本を読む時間が取れるのは子供たちが夏休みの間だけ」という制約がありましたので、たくさん読むためには速く読まなければならないと思いましたが、皆さんの場合はそういう必要はありませんので、自分のペースで読んでください。本来**「読書」**という

第 5 章 　英文読書能力養成プログラム

のはスピードとは関係ないものです。その人が本を読んで楽しかった、と思えるように読むのが、一番よい読書のやり方です。そんなに速く読みたかったら、あらすじを読めばいいということになりますので、速さは気にしなくて結構です。丁寧に読んでください。

　けれども、わからない単語をすべて辞書で調べる必要はありません。動物の名前や砂が崩れ落ちる様子を形容する言葉まで調べる必要はありません。その言葉がわからないと先を読んでも理解できない、と思った時だけ辞書を引いてください。

辞書はなるべく引かない方向でいくのがいいと思います。また、英語の文章に慣れるまでには、意味がよくわからない文もときどきは出てきます。最初のころはそういうことがしばしばあります。そういう時は、特に全体の理解に支障がなければ、その文にこだわらないで、そのまま読み進んでください。

＊母国語感覚で英語を読む

　是非、この7冊を読んで英文読書能力を上げてください。
　バイリンガルとまではいきませんが、帰国子女の体に英語が入っていくときの深さに似た感覚を、この7冊を読んでいくうちに皆さんも体験できます。何を目安に英語が体

の中に深く入っていると思うのか。それをわかりやすい指標で言えば、**日本語で本を読んでいる時と同じ気持ちになったかどうか**です。

　読みながらハラハラドキドキした。悲しくて涙が出そうになった。人の命をこんな風に選択してよいのかと疑問を持った。そのような、日本語で読書をした時と同じ感情が心の中に湧いたら、それは私の子供たちが経験した英語との関わり方に近いと思ってください。

　深く言葉が入った状態で読書をすると、１冊本を読んでもいやいや読んだサイドリーダーを３冊読んだくらい英語力は上がります。感情移入できた読書、夢中で読んだ読書はそういう威力を持っています。それでなくても忙しくて時間のないビジネスマンは、英語力向上のスピードアップとして活用できるものは、すべて活用したほうがいいと思います。

　早めにこの状態に入るコツは、１日で構いませんから、**３時間続けて読んでみる**ことです。読書は３時間続けると英語が最初よりずっとすんなり体に入ってきます。一度この体験をしておくと、その後細切れ時間に本を読んでも、本の世界に入りやすくなります。

　使う辞書は、この段階では英和辞典を使って結構です。英語学習全般を通して言えることですが、**英語を読んでいて日本語が出てくるということは、自分の中に日本語を使う必要性がまだ残っている**ということです。この必要性が

第 5 章 英文読書能力養成プログラム

なくならない限り、歯を食いしばって日本語が出てこないように努力をしても、日本語は出てこなくなりません。それはボートを川下から川上に漕ぐ努力をするようなもので、結局は大きな流れに逆らえず、ボートは川下に流されて、日本語は出てきてしまいます。自分の中に日本語が出てくる必要性がなくなるまで、英語を使っていきましょう。そうしたら、自然に日本語は出てこなくなります。

　具体的にどういう現象が出てくるかと言うと、たくさん読書をしていくと、頭が英語に慣れて、**英和辞典を引くと英語の世界から日本語の世界に引き戻されるような感覚**が出てきます。この時英英辞典に替えれば、無理なく英英辞典を使うようになります。それまでは英和辞典を使って結構です。

第6章

読書の前に やっておくこと

忘れてしまった英文法の
効果的な再学習の仕方。
母国語と外国語では文法の学習の仕方が違う。
読みながら英文の構造をとらえる
センサーの感度を上げる。

＊ 必要な場合は文法の学び直しを

　読書に入る前に1つだけチェックしていただきたいことがあります。もし、高校時代までに学んだ英文法の中で、よく理解できていない項目があったら、読書に入る前にもう一度学び直してから読書に入ってください。

　読書は、言いたいことを英文に構築する能力を身に付けるために行います。例えば、分詞構文をきちんと構造がわ

第6章 読書の前にやっておくこと

かって読めなければ、いくら読書をしても、**分詞構文を使って言いたいことを頭に構築する能力を育てることはできない**ということです。

ですから、自分がよくわかっていない文法事項があったら、**読書に入る前に学び直してください。**

「日本語で話す時は文法など気にしていない」「**文法は使いながら理解していけばいい**」という考え方は、母国語についてだけ当てはまることで、**外国語を学ぶ場合は当てはまりません**。私は、息子と娘の文法習得の違いから、外国語を学ぶ場合は、最初に「母国語で」文法をしっかり学んでおくほうがよく身に付き、効率的だと実感しました。

日本人が英文法を学ぶ場合は、日本人のために日本語で書かれた文法書を使って、最初にしっかり文法を理解しましょう。現在完了の概念は日本語にはありませんが、そういうことも日本人が理解しやすいように解説してあります。一時、英文の文法書を読むのがはやったことがありますが、きっちり理解するためには、文法は日本語で理解したほうが効果的です。

息子は中学で学ぶ文法事項を全部学んでいましたので、アメリカに行って文法の授業を2年間受けましたが、基本的なことがわかっていたせいか、困ることはありませんでした。

けれども、小学5年生の娘は英語をまったく知らないまま渡米しました。文法の授業は3年目に入ってからもあり

ましたが、先生のおっしゃることの中に理解できないことがいつも少しあるようでした。文法については娘によく聞かれて答えた記憶があります。私なりにその原因を考えてみました。

そして、娘は英語を母国語とする生徒達と一緒に学んでいても、彼らのように生まれてから**たくさんの英語をそのシチュエイションの中で聞いてきていない**という問題が大きいと思いました。

先生が文法的に説明される文を「ああ、あの言い方だ」と自分の経験の中で同一視するものが、娘には十分に蓄積されていないのだろうと思いました。アメリカに来てからそういう表現を聞いてはいると思いますが、先生の文法的な説明に「あの言い方だ」とはっきり認識できるほどの量にはなっていないのだろうと思いました。

日本語でもそうですね。形容動詞はこうだと説明されても、それがわかるのは形容動詞をたくさん使って来たからで、形容動詞のような使い方をする言葉をたくさん使った経験がなければ、説明されてもなかなかわかりません。

文法に関しては、母国語と外国語では習得の仕方が違います。特に「使っていれば文法はわかる」というのは、外国語の場合は**非常に効率の悪い勉強の仕方**です。あいまいで、よくわからない部分がいつまでも残ります。外国語として英語を学ぶ場合は、**文法を日本語でしっかり理解しておくのが確かな英語力を付けるポイント**になります。

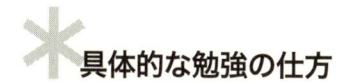

第6章 | 読書の前にやっておくこと

✳ 具体的な勉強の仕方

　文法の学び直しは、まず自分がよく理解できていない文法の項目を1つ選びます。それについて解説してある文法書を読んで理解してください。例えば分詞構文がわからなかったら、文法書の分詞構文のところを読んで理解してください。

　その時は、文章の後ろの部分から前にある名詞に矢印を引いて修飾の関係を理解したり、かっこをつけて理解したり、自分のわかりやすいように意味を取って結構です。けれども、そうやって構造を理解した後は、必ず**前から単語の並んでいる順番に読んで、意味がわかるようにしてください**。

　英文を書いた人は、単語が並んでいる順番で考えたのですから、私たちもその語順の通り読んで理解できるようにしておきます。つまり、文法事項を理解する時は日本語仕様の頭で理解してよいのですが、理解し終わったら、英文を**英語仕様の頭**で理解できるようにしておきます。書いた人が考えた順番で英語が理解できるようになると、英語処理のスピードが上がります。

　構造を理解したら、次に文法の基本問題が載っている問題集を買って、答えを実際にノートに書きながらやってください。

恐らく分詞構文なら「次の文を分詞構文に書き換えなさい」というような基本的な問題が載っていると思います。こういうやさしい問題も、実際にノートに書いて1つひとつ自分でやってください。最初に授業でその文法事項を勉強した時、本来ならやっていたであろう基本的な練習を面倒がらずにやってください。

　最近は、全文を書かないで、「書き直した場合かっこに入る単語を書きなさい」という形式の問題も多いようですが、**必ず正解の文章全部をノートに書いてください。**今まで自分の意識になかった英文の形を、これからは読んだ瞬間に見分けられるようにするのですから、なるべくしっかりと自分の中に基本形を定着させる必要があります。書くことは、知識を正確に記憶するのに効果がありますので、必ず書いてください。

　以前、英文科を出られて、海外出張が多い仕事についている方に、英文読解の指導をしたことがあります。その方は、「高校時代、英語の授業はいつも入試問題をやって答え合わせをしていたので、英語の文章を構文をとらえて読む指導は受けたことがありません」と言っていました。

　その方は、英字新聞の意味が大体わかるのですが、ちょっと日本語訳が変だなと思って、どういう風に構文をとらえたのかお聞きすると、正しく構文をとらえていないことが多かったのです。海外出張でお忙しいのに、大変熱心に勉強なさる方でした。3年間くらいお教えして、構文をと

第 6 章 読書の前にやっておくこと

らえることに大分慣れて来ましたが、まだ、文が長くなると構文が取れないことが多かったのです。

私は、もしこの方が高校生のときに、構文をとらえて読む指導を受けていたら、つまり正確に意味を取る指導を受けていたら、こんなに長く英語を読むことで苦労はしなかっただろうと思いました。これほど熱心に勉強される方ですから、そういう指導を高校時代に受けていたら、今ごろもっと難しい英文をすらすら読むことも可能だったと思いました。

ただし、たとえ高校時代に構文をとらえて読む練習をしなくても、新聞の英文を勉強するようになって文法を勉強し直し、構文をとらえて読む練習をすれば、その後は、すらすら構文をとらえて読むことができると私は思っていました。

ところが、長い年月をかけて定着した、構文をとらえないで読むという習慣は、それほど容易には変えられませんでした。一度文の構造をとらえずに読むことに慣れてしまうと、文法書を読んで構文について一生懸命勉強しても、なかなか**実際の新聞の文章を読んだときに、構文に気付くことができなかった**のです。構文に気付くセンサーが長い間使われずにいましたので、すぐには反応できないようでした。

スタートの時に学ばなかったことを、年月がたってから学んで回復することは、できないとは言いませんが、非常

に大変なことなのだと、私はこの時知りました。この方のように、何年も地道に構文をとらえて読む練習をしていけば、何年か先にはできるようになると思いますが、それは高校で習得する何十倍もの時間と努力が要ります。そして、そこまで時間と努力を使えない人は、回復できなくなります。ですから、今までよくわからないままにしていた文法事項を今回学び直す方々は、その努力をいとわずにやってください。

さて、問題集も終了して、よく理解できたら、最後にその文法事項を使った例文を1つ暗記してください。分詞構文なら、現在分詞と過去分詞を使った文を1つずつ暗記してください。そして、通勤途中、電車の待ち時間などにときどき思い出して言ってみてください。

文法事項というのは、その文法事項を使った文にしばらく出会わないとやはり忘れていきます。けれども、**例文を覚えておくことによって、学んだ文法事項がその場で思い出せます**。分詞構文は主語が同じ場合に省いてあるんだというようなことを、例文を言えばすぐに思い出せます。

もう1つは、口で言って耳で聞く、ということを繰り返しながら、**その文法事項を自分の頭になじませておく**ためです。

スタートの時に学ばなかったことを後から学んで、英文を読んだ時にその構文だと気付けるようにするためには、なるべくその文法事項から離れないようにしておくことも

第6章 読書の前にやっておくこと

重要です。是非例文は項目ごとに1つでいいですから、暗記してときどき言うことを繰り返してください。**中学の教科書の基本文のようなものだと思って覚えてください。**

　文法はたくさんのことをあいまいに覚えるより、**1つひとつの項目を確実に覚えたほうが効果を実感できます。**丁寧に学んでください。きちんと学んだことというのは、学習者に大きな自信を与えます。今までよくわからない文法事項があった方は、是非この機会に理解できるようにしてください。自信が付きます。

　文法が理解できた段階で、［オリジナルセブン］を開始してください。

第7章 頭の中に英語の言語体系を作り始める

著者が思いを込めて書いた英文を読んで
英語力向上の力をもらう。
帰国子女は英語の洪水を経験する。
日本で、疑似洪水を経験するにはどうするか。

＊ 作家の書いた文章には力がある

　［オリジナルセブン］を行って読書能力をつけたら、今度は自分で読みたい本を選んで読んでいってください。その時、どんな本を選んでも結構ですが、必ず**作家の書いた文章をそのまま読んでください**。やさしくリライトした本は使わないでください。
　２冊目の本に、高校時代の私のことを書きました。英語

第7章 頭の中に英語の言語体系を作り始める

の授業がとても難しくて、予習や復習が大変でした。中学で習うような単純な文章から大学入試の長文読解に出るような難解な文章まで読めるように3年間で持っていくのですから、高校の授業はとても大変でした。

ある時、私は細江逸記先生の『英文法汎論』という本を読みました(篠崎書林刊、現在は絶版)。文法の本ですが、今でいう受験用の参考書とは違いました。この本の例文はほとんどが細江先生が実際に読まれた本の中に書かれていた文章です。

私はこの文法書を読んでいるうちに、「英文を書いた人は何か伝えたいことがあって、この文章を書いたのだ。その文章を**正しい構造をとらえながら読めば、書いた人が伝えたかったことは必ず私にわかるはずだ**」と確信するようになりました。なぜそんなに強く思えたのかわかりませんが、そう確信しました。

高校の実力テストは中間試験や期末試験の他に年に何回かありましたが、まったく見たことのない英文が出題されますので、語彙も自分で勉強して増やしておかなければなりませんし、とても大変でした。テストが返されて先生が解説してくださると、どうしてそのことが自分は読み取れなかったのだろうと思うことばかりでした。

ところが、細江先生の本を読んだ後からは、実力テストが難しいと思うのは同じでしたが、「書いた人は何か伝えたいことがあるのだ。正しく文の構造を読み取れば、私にそ

れがわからないはずはない」と思えて、最後の最後までこの人が言いたいことは何かを文から読み取ろうとしました。

そして、2年生の実力テストが終わった後、英語の先生から「この間の実力テスト、川合さん一番だったわよ」と言われました。同学年の約400名の生徒の中には、その後AFSの交換留学生としてアメリカに行った生徒もおり、英語のできる生徒はたくさんいたのでびっくりしました。

私は、今でも紙が茶色く変わってしまった細江先生の本を持っています。そして自分がたくさん読書をした今考えると、高校生の私があの時あんなに強く確信できたのは、細江先生が選ばれた**例文の力**だったのではないか、と思うのです。

著者は思いを込めて本を書きます。著者が思いを込めて書いた実際の文を、細江先生は文法を解説する時の例文に使われました。

そのたくさんの例文が私にそう確信させる力を持っていたのではないかと思います。例文はどれもたった1行でしたのに。ですから、読書は作家の書いたそのままの文章を読んでください。

作家の書いた文章には力がありますが、やさしくリライトした文章にはこの力がありません。同じお米でも、玄米をまけば芽が出て成長しますが、白米からは何も出てきません。同じ読むなら、**作家が思いを込めて書いた文章を、何かを伝えようと作家が一生懸命書いた文章を読んでくだ**

第 7 章 　頭の中に英語の言語体系を作り始める

さい。ここでもまた、英語力アップの触媒の役割を果たすものを活用してください。皆さんはそれでなくても仕事でお忙しいのですから、同じ読むなら、自分にプラスアルファの力を与えてくれる教材を選びましょう。

無理をして速く読む必要はない

　読書を楽しんでいると、目や頭が少しずつ英文に慣れてきて、気が付くと自然と速く読めるようになっています。読書の場合、スピードはそれで十分です。無理して上げなくて結構です。無理にスピードを上げるのは、第5章で述べた、ボートを川下から川上に漕ぐのと同じことだからです。

　[オリジナルセブン]終了後、自分の好きな本を読んでいけば、読むことに慣れて速度も自然に速くなっていきます。できれば、200ページくらいの英語の本を週に1冊読むことができるようになるまで続けてください。そうすると、自分の言いたいことが頭の中に英語で浮かんでくるようになります。

洪水のようなインプット

　週に1冊読むなど日本語の本でもしていないという人は

多いと思います。けれども、どのくらいの英語のインプットが必要かと言われれば、「**洪水のような英語のインプットが必要です**」と答えなければならないくらい、日本語経由のプロセスを除いていくには、大量の英語を処理する経験が必要です。

英語のシャワーとはよく言われることですが、子供たちの処理していた英語は、シャワーというより洪水でした。私は自分が英語を学んだ過程で、子供たちと違うところは、同じようにやってみようと思っていましたが、この量には、私自身圧倒されるようでした。日本にいたら子供たちと同じ量を処理するのは無理ですが、週に１冊本を読むくらいのインプットをすれば、言いたいことは英語で頭に浮かんでくるようになります。

私は自分が中学１年から大学４年まで、英語を聞いたり話したり読んだりした時間（英語を日本語で勉強していた時間でなく英語だけに接していた時間）を、ハイスクールに通っている息子が英語に接している時間に、大ざっぱに換算したことがあります。

私の10年間は、息子の１年と３か月くらいに相当しました。私は、中学時代は毎日２時間文章で発音の練習をしていましたし、大学では国際関係学科に在籍していましたが、英語の教師になるために必要な英文学科の授業もとりました。また、大学生の時から夜、週に２回、英文速記（グレッグ式)の学校に１年６か月通い、１分間に160語のビジ

第 7 章　頭の中に英語の言語体系を作り始める

ネスレターを速記する修了試験も合格していましたので、平均的な学生よりは英語に接していた時間は多いと思います。それでも、これだけ量が少ないわけですから、普通に生活していたらとても必要な量には達しません。第二段階は大量のインプットを、洪水のような英語のインプットを行ってください。

　「日本人は中学、高校、大学と 10 年英語を学んでも英語が話せない。日本の英語の授業のやり方が悪いのだ」という人がいますが、英語力ゼロから完成までの道のりをつぶさに観察すれば、完成までに膨大な量の英語を処理しなければならないことがよくわかります。週に数時間の英語の授業を 10 年やって、日本語とまったく異なる言語を流暢にしゃべれるようにしてやれるほど、言葉を身に付けるのは簡単なことではありません。

＊アウトプットの方法

　アウトプットも、読んだ本について英語のディスカッションなどができるといいのですが、そういう場がない場合は、勉強会などに参加されてもいいと思います。

　それも時間の関係で参加が難しかったら、本の内容を要約して自分で言ってみたり、本の中で自分が特に役に立つと思った意見などは、「1 つの国が恒常的に貧しい状態に置

かれると、その周辺で紛争が起きやすい。紛争を起こさないためには、そういう国を国際社会が少しでも支援していくよう努めることが必要である」というように、読んだことをもう一度自分で、そこに使われた英語を使って言ってみると、自分の言いたいことが英語で定着していきます。

「自分の意見を英語で言いなさい」と言われると言えない人は多いのですが、読んだ本について聞かれれば、必ず何かしらは答えられます。関連する単語は本に書いてありますし、表現の仕方も読んだ本の中にあります。本を英語で読んだ後なら、その内容について英語でアウトプットすることは誰でもできます。

今まで、訳読式授業のために日本人は英語が話せないと言われていましたが、そうではなくて、訳読式授業が終わった後、**わかるようになった英文を大量にインプットする過程がなかったから、日本人はしゃべれなかった**のです。英語の言語体系を頭に作るまで英語をインプットした人が国内ではほとんどいなかったから、そのような誤解が生まれたのでしょう。

＊ 洋書が入手しやすくなった今こそ読書を

インプットの量が不足した背景には、過去には、英語の本が入手しづらかったという事情もあります。

第7章 頭の中に英語の言語体系を作り始める

　私が若かったころは、やさしい英語の本というと、それこそ就学前の子供が読むような本が、洋書を置いている大きな書店に飾ってありました。当時、アメリカの小学生や中学生がどんな本を読んでいるかなど、まったく知りませんでした。

　それに、当時洋書はとても高くて何冊も買えませんでした。先日、ハードカバーの『The World of Pooh ~The Complete Winnie-the-Pooh and The House At Pooh Corner』（くまのプーさん）という本を中古で500円で買いました。中に1998年当時の価格が書いてあって4620円でした。これではとてもたくさん洋書は買えないと思いました。

　けれども、今は時代が変わりました。洋書は安く手に入るようになり、中古の本もたくさんあります。アメリカの小学生や中学生が読むようなやさしい本の情報もネット上にたくさんあります。私の最初の本にも、やさしく読める英語の本をリストしてあります。そういうものを活用すると、多読もやりやすいと思います。

　こうして見てくると、私の年齢に近い方々は、大学時代に多読をしようとしても実質的に難しかったと思います。また、私が中学生のころから「日本人がしゃべれないのは訳読式授業が悪いからだ」と言われ続けているため、読むことについて興味を持ちにくい環境だったことも原因の1つだと思います。

大学時代、多読はしなかった人のほうが普通かもしれません。それでしたら、時代が変わって多読もやりやすくなりましたから、今からでも遅くありません。どうぞ本を読むことを始めてください。私が始めたのも40代でしたから、何歳からでも十分効果はあります。読むことはあまり年齢には関係ありません。

　小学生の読む本もすらすら読めないで、流暢にしゃべったり、高い英語力を付けようとするのは無理ですので、ぜひ［オリジナルセブン］から始めてください。多くの日本人は、読むことなど簡単にできる。それよりリスニングが難しいのだ、と思っているかも知れません。でも、それなら『The Hardy Boys』のシリーズがすらすら読めるかというと、そういうことはありません。

　［オリジナルセブン］に載せた本は、最初と最後を除けば、ほとんどがアメリカの3年生から7年生（日本の小3から中1）の生徒が読む本です。このくらいの英語で書かれている本は、すらすら読めるようにしておきましょう。

　私は、このまま日本人がアメリカの小学生が読む本も読めないで、リスニング、リスニングと言って聞くことばかりやっていると、永遠に日本人全体として高い英語力は持てないと思います。読むことは地味ですし、時間がかかります。やっても発音もリスニングも良くなるとは思えない、と皆さんは思っていらっしゃるかもしれません。

　けれども、実際は違います。前の章で述べたように、私

第7章　頭の中に英語の言語体系を作り始める

は大量の読書をした後から、今まで聞いてもわからなかったスーパーマーケットで早口で話しているネイティブ同士の会話も聞き取れるようになりました。また、言いたいことが英語で頭に浮かんでくるので、しゃべるのも上手になりました。

　読むことを面倒くさがって、何とか聞いたり話したりするだけの勉強法で英語力を上げようと何年も費やすなら、1年間くらい読書に没頭してから、またリスニングとスピーキングを追いかけてください。それだけでもずいぶん英語力は違ってきます。

　読む時は、少しずつ読むというやり方でも結構ですが、第5章にも述べたように、**一度没頭して読む**という経験をされてから、その後少しずつ読まれたほうが効果が上がります。週末などを利用して「今日は1日、本を読んでいればいい」という日を作って没頭して読んでみてください。翌日から細切れ時間を使ってちょっとずつ読んでも、英語が深く体に入っていくのを感じると思います。

　一度「夢中で読んだ」という経験をしておくと、その後の読書が変わるのです。これは、実際に読書を行った生徒さんが自分の体験から教えてくれたことです。「今日1日、本を読んでいよう」と決めて他のことはしないで読んでいると、たくさん読めて楽しかった、と言っていました。

　そのためには年末年始の休暇や5月のゴールデンウィーク、3連休や週末を上手に利用されるといいと思います。

「没頭して読む」「夢中で読む」という体験をした方は、学生時代に宿題でサイドリーダーを読んだ時とはまったく違う英語があることを体験します。英語が「意味がわかればいい言葉」から自分の**血となり肉となる言葉**に変わります。長く日本で英語を勉強してきた私にも、とても新鮮な体験でした。どうぞ皆さんもそれを体験してください。
　小説だけでなく、外国に旅行した時に立ち寄った美術館の売店にあった本や、趣味の本などでも結構です。自分の興味のあるものを選んで読んでください。

第8章 英語力の飛躍的な進歩の前で学習をやめない

帰国子女は学校をやめられない。
2年くらいは練習して発音を定着させる。
定着させていない発音は、
会話になった途端に元にもどる。

＊一定の時間続けることの大切さ

　海外赴任で子供をアメリカに連れて行っても、子供の年齢が高い場合、なかなか適応できずに苦労することがあります。中学生を連れて赴任した友人から「私は、カウンセラーが、1年半たてばどんなに遅い子でも英語を話し始めます、と言ったのを心の支えに頑張りました」と聞いたことがあります。

言葉を身に付けるにはとても長い時間がかかります。特に、発音を身に付けるのはとても長い時間がかかります。確かに8、9か月あれば、ナチュラルスピードよりも少し遅いスピードで正しい発音で話せるようになります。

　しかし、その状態では会話をするのはまだ難しいのです。なぜなら、会話をする時は話している内容に注意が行きますので、発音に100%注意しているわけにはいかなくなります。**発音に注意していなくても正しい発音で話せる状態**まで持っていかないと、発音が身に付いたとは言えません。

　無意識に話しても発音は正しく保たれている状態に持っていくには、2年くらいは必要です。

　私は小さいころから体が弱かったので、急に高い熱を出したり、具合が悪くなったりすることがありました。中学1年生の最初の中間試験の日も39度の熱が出て、試験を受けに行くだけで精一杯でした。家では教科書を広げることもできずに寝ていました。

　それ以来、自分はいつ具合が悪くなるかわからないから、健康な時は、その日勉強しなければならないことをきちんと終わらせておかなければいけないと思うようになりました。若い時というのは、毎日コツコツ勉強することをあまり格好いいとは思えないものです。普段は部活などに邁進し、テストの時だけたくさん勉強してよくできれば、そのほうが格好いいと思うものです。

　でも、自分は体が弱いからそういうことはできないので、

第8章 英語力の飛躍的な進歩の前で学習をやめない

格好悪くてもしょうがないと思い、健康な時は毎日一定の時間勉強をし、発音練習もしていました。

そうやって勉強するうちに、私はあることに気付くようになりました。それは、どんなに一度にまとめてたくさん勉強しても、毎日一定の時間勉強して、長期にわたって定着させてきたことにはかなわない分野がある、ということです。

英語の発音もその1つです。**発音は毎日一定の時間練習をして、1年2年と積み上げてきた人には、他のどんなやり方で練習してきた人にもまねのできない安定性がある**と気付くようになりました。

たぶんこれは、発音が「無意識にしゃべっても乱れない」というところまで練習していないと、**会話を始めた途端、練習前の状態に戻ってしまう**という性質を持っているためだと思います。

発音は「無意識にしゃべっても正しい状態が保たれている」ところまでやらないと、役には立たないのです。

帰国子女は途中で勉強をやめられない

発音を定着させるには、少なくとも2年くらいはかかります。発音できるようになるだけなら数日でできても、**無意識に英語をしゃべっても発音が乱れない**ところまで定着

させるには、2年くらいはかかります。ですから、そこのところを少し辛抱して続けていただきたいと思います。

帰国子女の英語習得は、小学校低学年を除いて、「3か月でペラペラ」「聞き流すだけでペラペラ」というような学習法とは対極にあります。来る日も来る日も、たくさんの英語を相手に、地道に理解していきます。その努力の積み重ねがあるから、しっかりとした英語力が身に付きます。

渡米して1年8か月たっても、娘から「私こんなことで、本当に英語がわかるようになるのかな？」と1日に何回も聞かれた、と第1章に書きました。1年8か月勉強しても、娘は英語がわからなくて不安だったわけです。けれども、それから6か月くらいしたら、娘は、日本語を介在させずに英語がわかるようになりました。

もし1年8か月やっても英語がわかるようにならないからもう英語の勉強はしない、と彼女が思ったら、彼女の英語力はそこで終わりだったわけです。けれども、学校に行っている限り勉強をやめるわけにはいきませんから、それでも勉強を続けていたら、それからほんの数か月で、彼女は英語が使いこなせるようになったのです。

英語の飛躍的な進歩は、突然起こるようでいて、実は**日々積み上げてきた練習がある地点まで達した時に、現象として引き起こされるだけ**なのです。飛躍的な進歩のすぐ手前にいても、彼女のようにわからない場合もあるのです。

随分昔になりますが、高校生のころ、実家の庭にはアジ

第8章 英語力の飛躍的な進歩の前で学習をやめない

サイが植えてありました。けれども、自分の家のアジサイが咲いたのを、私は見たことがありませんでした。いつも大きな葉っぱしかないアジサイでした。母は植木が好きでしたが、それほど植木に興味があるわけではない父が庭の草取りをしたり、枝を刈ったりする外の仕事をしていました。

アジサイが花を咲かせないで何年もたったとき、母が、「アジサイがだんだん大きくなって花を咲かせそうになると、お父さんが、刈り込んでしまうのよね。その後、またアジサイがだんだん大きくなって花が咲きそうになると、またお父さんが刈り込んでしまうのよね……」と言いました。

「だんだん大きくなって」と言うときに、母は両方の手の平を合わせてつぼみが膨らむようなしぐさをしながら言いました。

発音練習で聞く練習を始めても、2、3か月やって「やっぱりできない」とあきらめてしまう人を見ると、私はこの時のアジサイの話を思い出します。

その人の中に「聞いた音と同じ音で発音する能力」が少しずつ蓄えられて、もう少しで花開く時に練習をやめて、切り落としてしまう人がたくさんいます。外見は練習を始めた時と同じ「葉っぱばかりのアジサイ」でも、**練習を続けてきていたら、必ず自分の中に蓄えられたものがある**のです。

母が両手で作った膨らんだつぼみのように、もう少し待ってあげれば、ちゃんと花は咲くところだったのです。この後もう少し続けて発音練習してくれれば「聞いて同じに発音できる」ところだったのです。私はそういう学習者を見ると、とても残念だなあと思います。

　家のアジサイも、その後、母のこの言葉を聞いた父がそのままにしておきましたら、しばらくたって花を咲かせました。初めて、自分の家でアジサイの花が咲くのを見ました。

✳ 丁寧に練習すると
　　たとえ１日の練習の後でも充実感を感じる

　２、３か月やってもできないからとすぐにあきらめないで、どんな小さな違いでも構いませんから「○○が違う」と声に出して言ってみてください。そうすると「違いを認識する力」が、**漠然と「どこか違う」と言っていた時とはまったく違う段階に入ります。**違いを認識する力がそこから大きく育っていきます。

　皆さんは、達成感や充実感というのは、何か月も練習を続けた末に、練習の成果が出た時に感じるものだと思っているかも知れませんが、達成感というのはそういう時だけ感じるものではありません。

第8章 英語力の飛躍的な進歩の前で学習をやめない

　その方法で練習すれば正しい発音が習得できると、本人が納得した方法でやっている場合は、その日の練習を丁寧にやって終了すると、それほど目立って上手になったというわけでなくても、**自分は正しい発音習得への道を今日も一歩進めた**という充実感や達成感が、練習の後に広がります。これが静かな満足感になります。この満足感があると、1日、1日、自分が正しい発音習得への道を歩んでいるのがわかり、学習が充実してきます。

　発音習得には練習しなければならないことがいくつかあると理解していること。新しい口の動きが定着するには2年くらいかかると納得していること。その上で練習に入り、毎日毎日の練習を丁寧に行っていくと、その日の練習を終えた時、静かな充実感や達成感を感じることができます。

　学習者が、発音完成時の自分を夢見るのはいいことだと思います。その状態は必ず訪れると知っていて、今日は今日の練習に集中する。こういう状態が練習を続けやすい状態です。

　際限なく夢見ているのではなく、学習の合間にちょっと夢見る。それがいいのです。そして、目の前にあるその日の学習に気持ちを集中させて行う。こういう日常生活を送ると、練習は継続しやすくなります。

　自分はゴールに向けて1つ実力を積み重ねたという充実感、ゴールに向けて一歩駒を進めたという達成感を練習の後に感じることができます。

毎日練習して１年、２年とお手本に似せてきた発音に勝る発音は、どこにもありません。是非、２年は発音練習を続けてください。

　『帰国子女に見る世界に通用する英語力の作り方』最後のアドバイスはこのことです。

　「こんなことで本当に英語わかるようになるのだろうか」と思った時も、今までの学習の積み重ねを振り返り、「大丈夫、**ここまで蓄積させてきたのだから、あと数か月で花開く**」と学習を続けてください。必ず、確かな英語力を身に付けることができます。

第9章

自分の子供に英語で苦労させたくない

中学、高校、大学、各年代の
強みを活かして教育すれば
日本人の英語は世界に通用する。
小学生から日本語化した発音でしゃべるより
中学生で「聞いた通り発音する能力」を育てる。

＊ 帰国子女は英語圏にいた年齢で使っていた英語しか使えない

　「帰国子女に見る世界に通用する英語力の作り方」と題して、私の子供たちの英語習得過程を参考にしながら、皆さんの英語学習に役立つことを述べてきました。最後の章は、皆さんがお子さんの英語習得に関して、恐らく気がかりだと思っていらっしゃることについて少しだけ触れたいと思

います。

　今、海外とつながりのある職場で働く多くの日本人の方が、英語で苦労しています。英語ができれば今よりずっと円滑に業務が行えるのにと思っています。それなりに努力もしているのに、英語を使いこなすというのはなかなかできるようにはならないので、悩んでいる方もたくさんいらっしゃると思います。

　英語の必要性はこれから増えることはあってもなくなることはないでしょうから、自分の子供には英語で苦労させたくない、と親は思うようになります。そこで、子供の時から英語を習わせれば苦労なく英語をマスターできるだろうと考える親が増えて、子供の英語教育は盛んに行われています。

　発音のところで述べましたが、母国語として英語を話していくのでなければ、子供のころ英語を習っても、ネイティブと同じ発音にはなりません。また、**子供の使う英語と大人の使う英語では全然違います。**

　私は2回、息子がバイリンガルになるのを見ました。1回目は小学校1年生の時、2回目は19歳の時でした。

　小学校1年生の時は帰国して3か月で、英語は息子の頭の中から消えていきました。夏休みに帰国し、11月には「僕は空を見ると、前は blue と思ったけど、今は青って思うようになった」と言いましたので、それがわかりました。19歳で帰国した時は、その後も英語が頭から消えることはありませんでした。

第9章 自分の子供に英語で苦労させたくない

　帰国子女は英語がペラペラしゃべれる状態で日本に帰って来たら、その後は大人になるまで英語がペラペラな状態が続くように錯覚する場合がありますが、そういうことはありません。

　帰国子女の英語の問題点は、**自分が英語圏にいた年齢で使っていた英語しか使えない**、ということです。日本に帰って来て、年齢が上がるにつれて話す英語も年齢相応に上がってくるかといえば、そういうことはありません。

　歴史、科学、数学、文学などを、年齢相応の英語の言葉で授業を受けていくことによって、大人の英語が使えるようになっていきます。

　高校生までアメリカにいて、その後帰国して日本の大学に行った知り合いの息子さんがいます。その方は、卒業後に外資系企業で働いてから、アメリカの大学院に行こうと教授の面接を受けたところ、「英語が不十分だから、3か月早くアメリカに来て、サマーコースで英語を勉強しなさい」と言われたそうです。

　本人は、英語には自信があったのでショックだったようですが、よく聞いてみると、話す英語が幼かったようでした。日本人はただペラペラ話していれば英語が堪能だと思いますが、英語にも大人の英語、子供の英語と、いろいろなレベルがあります。

　大人になると失礼ですから、彼は、職場で、「あなたの英語は幼い」とは、誰からも言われたことはなかったのでしょう。

それについては私も同じような経験があります。かつて私の職場で、日本語を話すアメリカ人男性スタッフがいましたが、彼の使う女性言葉の日本語を「女性言葉は変です」とは誰も彼に言いませんでした。一生懸命日本語を使おうとしているのがわかりましたから、何も言えませんでした。そうすると、本人が気付くことはありません。

　けれども、知り合いの息子さんの留学先の教授は、学生に適切なアドバイスをしなければなりませんので、そのようにおっしゃったのでしょう。

　娘は中学3年生で帰国し、高校の英語の授業は帰国子女専用のクラスでネイティブの先生と勉強していましたが、大学生になった時に夫から、「いつまでも、女子高生が仲間内でペラペラ話すような英語を話していてはいけないよ。きちんとした大人の英語を勉強して身に付けなさい」とよく注意されていました。アメリカで16年、仕事で英語を使ってきた夫には「娘の英語ではとても大人の英語として使えない」と思えたのでしょう。

＊小学生の英語は自然に大人の英語にはならない

　中学生、高校生で帰国しても、大人の英語まで持っていくのに大変な努力がいるのですから、小学生で英語がペラペラでも、それを日本で大人の英語まで持っていくのは、

第9章 自分の子供に英語で苦労させたくない

本人の相当強い意志がなければ無理でしょう。親が何とかできる問題ではありません。

息子が19歳になった時、アメリカで小学校低学年まで一緒に過ごした子供を持つお母さんの友人10人くらいが集まって、お昼ごはんを食べたことがありました。

帰国当時は、皆、英語維持のために帰国子女の英語教室に通っていましたが、今もバイリンガルだという子は1人もいませんでした。皆普通の日本の大学生になっていました。皆さん優秀なお子さんで、T大学を初め優秀な大学に入学されていましたが、今でもバイリンガルだという子は1人もいませんでした。

小学校高学年で帰国した知り合いのお子さんの中には、アメリカの大学に進学された人もいましたが、その子は帰国した時から自分はアメリカの大学に行きたいと希望していました。そういう意志を持った子は、自分でそのための勉強をしていきます。子供の英語は親が維持する努力をしても、**その子にその意志がなかった場合は、大人の使う英語まで持っていくことはできません。**

小学生で帰国して、大人になっても英語が堪能な方がいたら、それはその人が英語に興味があり、本人の意志で努力を積み重ねて、大人の英語まで身に付けてこられたのでしょう。本人の興味と努力によるものであり、親が何かして大人の英語まで身に付けさせられるものではありません。

インターナショナルスクールに子供を入れる親御さんも

いらっしゃいますが、そうすると、日本語で日本の歴史や文化を学ぶことがなくなります。日本で英語ができると有利だと言われているのは「日本語が完璧に使える」という暗黙の前提があってのことです。漢字は書けないけれど英語はできるということでは、職業の選択などは限られてきます。母国語が書けなくて母国で有利になることはありません。

✳ 日本人の発音の問題は中学生が解決できる

　もし、小学生から習わせても意味がないなら、今親がしている英語の苦労を子供も繰り返さなければならないのか、というと、そういうことはありません。**学校教育のやり方を工夫すれば、子供が親のように英語で苦労する割合はかなり下げられる**と思います。

　第２章でも述べましたが、母国語として使うのでなければ、小学生で習っても発音はネイティブ並みにはなりません。それでしたら、比較的聞く力が高く、口の筋肉が柔らかい中学生に、「聞いた通りに発音する」という方法で発音を習得してもらえば、今の大人のように発音で苦労することはなくなります。

　私の姪は、中学時代そうやって発音を身に付けました。私の姉夫婦は２人とも学生時代英語が嫌いでした。けれど

第 9 章 | 自分の子供に英語で苦労させたくない

も、子供には英語で苦労させたくないと、姪が中学生になった時に教科書の文を1文ずつ繰り返し聞ける小さな機器を買い与えました。

姪はいつもそれを使って文章を丸ごとお手本について言う練習をしていました。それをやっていると、30分くらいはすぐにたってしまったと言っていました。そして、日本語を話す時には使わないところを使うので、終わったら口の筋肉が疲れたと言っていました。

姪はいつも文章を丸ごとネイティブの後について言っていたので、今英語をしゃべっても、途中で息が弱くなってブツブツ切れたように聞こえることはありません。あまり自分の発音を録音してお手本と比べるということはしなかったので、子音が少し日本語化するものがありますが、文章を最初から最後まで流れるように言うことができます。帰国子女の多い高校に進学したので、英語を話す機会も多かったようです。話す時は、丸ごと覚えた文章の中の単語を変えて会話することが多く、そうすると、違う意味を表す文章も流れるように言えたそうです。

ですから、中学生の時期に、**最初に日本語の発音と英語の発音の違いを理屈で教えて、そこに注意を払いながら教科書の文章を聞こえた通りに発音するという練習を2年間**やってもらえば、かなり良い発音が身に付きます。少なくとも親の世代がしているような発音の苦労はしなくて済みます。

発音が定着するまでには何回も教科書の文を読むことになりますので、ほとんどの文は覚えてしまいます。その結果重要事項も自然に覚えます。

もし6歳から12歳の年齢で英語の音を聞いておくのが大事だとおっしゃる方がいたら、小学生のうちはネイティブと一緒に遊んでいればいいのです。そうすると子供は my turn, your turn のような英語は耳から聞いて同じように言うようになります。音を知るのが目的なら、それで十分です。

✳ 大量のインプットは大学生が行う

それでは、英語で言いたいことが頭に浮かぶ大量の読書はどうするのか。これは**大人の言葉を使うようになった大学生になってからしてもらえば良い**のです。子供の英語でペラペラしゃべっても仕事では使えませんので、大人の言葉を使うようになった大学生にやってもらえば問題ありません。

アメリカ人が普通に読む本は高校で習う文法を理解していないと読めません。娘の小学校6年生の教科書を読むにも高校の文法が必要だったことは13ページに書きました。**高校時代に複雑な英文を構文をとらえて読めるようになるかならないかで、将来高度な英語力を持てるかどうかが決**

第 9 章 自分の子供に英語で苦労させたくない

まります。ですから、高校時代に文法事項を習得し、語順の通り理解できるようにしてもらえば、大学生での読書もできるようになります。

こうすれば、大学卒業時に正しい発音で言いたいことを英語ですらすらしゃべることが可能になります。何百万というお金を払って子供をインターナショナルスクールに入れなくても、私たちの子供の世代が親と同じように英語で苦労することはなくなります。

もう一度86ページの図を引用しますと、下の図の点線の部分までを中学、高校、大学でできるようになれば十分なのです。その先の、英語で授業や、速読、ディベートなどは、英語に興味のある学生が集まる大学の学部や、高校、大学のクラブ活動などですれば、良いことです。全員がする必要はありません。

第二段階	英語で行われる授業が理解できる 　英語で英語を理解する 　英語で考える	英語のまま理解	学校での英語教育
	意味がわかるようになった英語を大量にインプットする	日本語経由の過程がなくなる	
第一段階	**英語力の基礎づくり** わからない英語を日本語に訳して正確に理解する 語彙　文法　発音	日本語による英語理解	

英語教育改革は熱心に行われていますので、このようにしていただけば、子供たちは通じない英語で苦労することはなくなります。

中学生の教科書にはCDを付けてもらい、大学の図書館にアメリカの中学生が読むレベルのいろいろな分野の英書を置いていただけば、生徒、学生の英語学習に役立つでしょう。

✳ 中学、高校、大学、各年代の強みを活かす教育が日本人の英語を変える

帰国子女となった子供たちの英語習得過程を詳しく見てきましたが、英語をマスターするには、今まで教師が考えていたよりはるかに大量の英語を処理する経験が必要だということが、皆さんにもおわかりいただけたと思います。私が10年間、英語学習でふれた英語の量は、息子がハイスクールで触れた英語量の1年3か月分くらいだったと140ページに書きました。英語を身に付けるには今まで考えられていた以上に大量の英語を処理する経験が必要だと、私も今回初めて知りました。

身に付けなければならないことは、大きく分けて3つあります。

第9章 自分の子供に英語で苦労させたくない

1　日本語とは違う英語の発音
2　複雑な文の構造を読み取るための文法
3　言いたいことが英語で浮かんでくるための大量のインプット

　これを全部、一度に身に付けるのは無理です。また年齢による制約もあります。3は大人の英語で行う必要がありますし、1は、耳が良く、口の筋肉もやわらかく、且つ、英語と日本語で発音が違う理屈も理解できる年齢が適しています。2は複雑な文を理解する思考力があることが必要です。

　裏返すと、それに適した年齢で、それぞれを集中して学べば、最も効率よくマスターできるということです。

　中学生で、英語と日本語の発音の違いを学び、聞こえた通り発音する能力を鍛え、高校生で複雑な文を読み取る力を付け、大学生で大量のインプットを行えば、大学卒業時に世界に通用する英語力を持った新社会人を世の中に送り出すことは十分可能です。そうすれば、子供の世代が英語で苦労することは今よりずっと少なくなると思います。

おわりに

　帰国子女の英語習得の過程を参考にしながら、日本で英語学習をする人に役立つことを書いてまいりました。
　２年間という長期にわたり、英語を母国語に訳しながら正確に理解したことが、帰国子女となった子供たちの英語力の基礎となりました。バイリンガルの基礎も、正確な日本語訳によってでき上がったのでした。
　日本で英語を学ぶ場合も、日本語で正確に理解することがしっかりした英語力の基礎になります。今の自分に必要な学習を、日本語を使って地道に行ってください。日本語はその役目を果たし終えた時、皆さんの頭の中から自然に消えていきます。日本語は無理をして抜いていくものではなく、学習が十分行われた時、自然に消えていくものだったのです。
　発音も同じです。基本の発音、文章での発音練習、こういう基礎的なことを地道に練習してください。日本で外国語として英語の発音を身に付ける場合は、そうすることによって、初めて正しい発音で言いたいことが話せるようになります。

英語学習のゴールに至るにはゴールに至る道筋があります。私はその道筋をこの本の中でお話しいたしました。英語学習のゴールは、「英語の言語体系を頭の中に作ること」であっても「正しい発音で話すこと」であっても、地道な練習の積み重ねによって達成されます。ゴールで上級者がやっていることを初級者が形だけ真似しても、まったく効果はありません。ゴールに向かって1つずつステップを上ってください。

　正しい道筋に従って努力すれば、世界に通用する英語力は必ず身に付けられます。ネイティブも美しいと思う発音で話すことも、言いたいことがすらすら頭に浮かんでくるようになることも、夢ではありません。この本の中に書いてある練習をすれば、必ずできるようになります。

　皆さんが世界に通用する英語力を身に付けて、仕事や学業で、自分の能力を余すところなく発揮し、活躍されますことを心より願っています。

川合典子

[著者略歴]

川合典子（かわい・のりこ）

津田塾大学卒業。中学校英語教師、外資系勤務を経て結婚。夫の赴任に伴い、二度アメリカに滞在する（イリノイ州シカゴ近郊、ニュージャージー州）。二児の現地校での学習をサポートしながら自身も英語学習を続け、2006年に帰国。英検一級。
ホームページ　http://creato-k.com
ブログ　http://d.hatena.ne.jp/creato-k/

帰国子女に見る世界に通用する英語力の作り方

2014年9月12日　初版第1刷発行

著　者　川合典子

装丁・本文デザイン　山内たつゑ
発行者　瀬谷直子
発行所　瀬谷出版株式会社
　　　　〒102-0083　東京都千代田区麹町5－4
　　　　電話 03-5211-5775　FAX 03-5211-5322
　　　　ホームページ　http://www.seya-shuppan.jp
印刷所　株式会社フォレスト

乱丁・落丁本はお取り替えします。許可なく複製・転載すること、部分的にもコピーすることを禁じます。
Printed in JAPAN ©Noriko Kawai